LIYI GONGTONGTI SHIYUXIA
GAOZHI YUANXIAO SHENHUA CHANJIAO RONGHE DE SHIJIAN TANSUO

利益共同体视域下
高职院校深化产教融合的实践探索

王忠诚　赵景辉　沈会超　李贺伟　著

东北师范大学出版社
·长　春·

图书在版编目（CIP）数据

利益共同体视域下高职院校深化产教融合的实践探索/王忠诚等著. —长春 ：东北师范大学出版社，2020. 6
ISBN 978 - 7 - 5681 - 6930 - 1

Ⅰ. ①利…　Ⅱ. ①王…　Ⅲ. ①高等职业教育—产学合作—研究—中国　Ⅳ. ①G718. 5

中国版本图书馆 CIP 数据核字（2020）第 104357 号

□责任编辑：王雨萌　□封面设计：小　路
□责任校对：于韶辉　□责任印制：许　冰

东北师范大学出版社出版发行
长春净月经济开发区金宝街 118 号（邮政编码：130117）
电话：0431－84568115
东北师范大学音像出版社制版
北京军迪印刷有限责任公司印装
地 址：北京市丰台区刘庄子 101 号（邮政编码：100000）
2020 年 6 月第 1 版　2022 年 8 月第 2 次印刷
幅面尺寸：170mm×240mm　印张：14. 5　字数：251 千

定价：45. 00 元

序

2013年11月，党的十八届三中全会上通过的《中共中央关于全面深化改革若干重大问题的决定》中，首次提出“产教融合”。2019年，国家发展和改革委员会、教育部等陆续印发了《国家产教融合建设试点实施方案》《建设产教融合型企业实施办法（试行）》《试点建设培育国家产教融合型企业工作方案》等文件，为我国推进产教融合营造了良好的政策环境。经过六年多的建设，产教融合的理论阐释与实践探索得到了丰富与发展，它在促进教育链、人才链与产业链、创新链有机衔接中发挥着至关重要的作用。当前，我国正处于实现全面建成小康社会目标的关键时期。经济发展进入新常态，这赋予了教育与产业两大系统相互融合的重要使命。因此，深入、系统地剖析、推进产教融合的实践模式成为职业院校提升高素质技术技能型人才培养质量、服务产业转型升级的有效路径，也是教育与社会经济协调发展的迫切需求。

受多种因素制约，我国职业教育与产业良性互动、统筹发展的基石尚未筑牢，呈现出以下问题：职业院校人才培养层次、类型与技术结构、产业布局、发展需求不适应；行业企业标准与职业院校课程教学标准、企业生产过程与职业院校教学过程相脱节；产教融合的层次较低，切实可行并具有推广意义的合作模式较少；等等。基于上述问题，开展“产教融合”专题研究，以理论指导实践，显得尤为重要。

王忠诚教授、赵景辉教授主编的《利益共同体视域下高职院校深化产教融合的实践探索》是一本指导性、借鉴性很强的著作。本书在吸收已有研究成果的基础上，以辽宁机电职业技术学院实践探索的成果为主线，以示范性的案例和建设性的资政建议为呈现形式，系统地展示了产教融合的全貌，具有一定的创新性。阅读全书之后，给我留下两点深刻的印象：一是视角切入点好。本书以利益共同体为视角剖析产教融合的问题，改变理论阐述的方式，通过案例解析、资政建议，把政、行、校、企四方责任进行了明晰，并且明确了在利益共同体的构建中职业院校重要的纽带作用。职业院校办学活力和高素质技术技能型人才培养质量是吸引其他利益主体参与共同体建设的关键所在。例如，《破除体制机制障碍，引企入校共建二级产业学院》《校企联动辟蹊径，股份合作出奇招——辽宁机电职业技术学院股份制二级产业学院建设实例》《“校会企”联袂建平台，“321”订单育人才》《校企合作再获新突破，创新育人再谱新篇章》《精准定位产业集群，“政行校企”联动共赢》等案例均从不同角度对产教融合利益共同体进行了很好的诠释。二是内容系统全面，应用性强。本书的32个案例分别从体制机制、人才培养模式、课程体系、实习实训基地、人才队伍、服务产业能力、质量保障体系、创新创业、“工匠精神”等层面对产教融合进行了详细的分析，深化了产教融合的内涵与外延，形成了具有推广价值的实践模式。同时，本书中的2篇资政建议做到了有理有据，贴合我国现代职业教育和职业院校发展的实际情况。

作为一本汇集高等职业院校典型案例的著作，本书有很多可供借鉴与思考的地方，相信读者阅读之后会有自己的感悟。当然，书中的个别观点有待进一步进行深入探讨，这也给读者留有一定的发挥空间。

徐　涵

2020年5月于沈阳

前言

为缓解职业教育人才供给的结构性矛盾、职业院校发展同质化倾向等问题，同时促进职业院校适应、服务产业结构优化升级和社会经济发展，我国开始大力推进产教融合。2013 年 5 月，教育部原副部长鲁昕在全国行业职业教育教学指导委员会工作会议上发表题为“提高行业指导能力 深入推进产教融合 加快发展现代职业教育”的讲话。2014 年 5 月，国务院《关于加快发展现代职业教育的决定》明确指出：“产教融合，特色办学。”2017 年 12 月，国务院办公厅《关于深化产教融合的若干意见》提出：“深化产教融合的主要目标是，逐步提高行业企业参与办学程度，健全多元化办学体制，全面推行校企协同育人，用 10 年左右时间，教育和产业统筹融合、良性互动的发展格局总体形式，需求导向的人才培养模式健全完善，人才教育供给与产业需求重大结构性矛盾基本解决，职业教育、高等教育对经济发展和产业升级的贡献显著增强。”2018 年 2 月，教育部等六部门关于印发《职业学校校企合作促进办法》的通知中指出：“产教融合、校企合作是职业教育的基本办学模式，是办好职业教育的关键所在。”党的十九大报告中要求“完善职业教育和培训体系，深化产教融合、校企合作”。由此可见，国家层面非常重视“产教融合、校企合作”在职业教育发展中的决定性地位，这为高职院校推进产教融合提供了重要的政策保障，也印证了高职院校在区域经济发展中具有不可取代的作用。

产教融合是高职院校提升人才培养质量、办学水平的关键途径和重要内容，也是新常态下推进“中国制造 2025”发展战略和新一轮老工业基地振兴战略的助推器，它有利于促进产业结构的转型升级。高职院校深化产教融合实质上是一项牵涉多方利益相关主体的跨系统、复杂的合作工程，其合作效果取决于利益共同体中内部主体和外部主体的产教融合动力。产教融合的利益主体以追求自身利益最大化为目的，他们依据自身的发展理念、利益、资源以及外部制度环境来确定参与产教融合的积极主动性，这种积极主动性也决定着深化产教融合的动力。事实上，受多种因素影响，高职院校产教融合的内、外部利益主体深化产教融合的动力不足，制约了产教融合的深度与宽度。

本书改变原有以理论阐述为主体的写法，注重理论在实践中的指导作用，以切实可行的实践案例为主，融入可借鉴性的资政建议，使整本著作更具参考价值。编者以辽宁机电职业技术学院为蓝本，解析了高职院校深化产教融合的内在逻辑，凸显了对实践探索的凝练与总结。本书共八个部分，三十二个案例，两个资政建议。第一部分为体制机制改革篇，汇集了五个案例；第二部分为人才培养模式改革篇，汇集了五个案例；第三部分为课程体系建设篇，汇集了五个案例；第四部分为实习实训基地建设篇，汇集了四个案例；第五部分为人才队伍建设篇，汇集了四个案例；第六部分为服务产业能力建设篇，汇集了五个案例；第七部分为其他建设成果篇，汇集了四个案例；第八部分为资政建议篇，汇集了两个资政建议。

本书由辽宁机电职业技术学院王忠诚、赵景辉担任主编，沈会超、李贺伟担任副主编，写作过程中参阅、援引了相关学术著作和论文，并以此为基础，对辽宁机电职业技术学院产教融合实践进行了内涵提升，凝练出具有示范、辐射带动作用的成果。本书得到辽宁机电职业技术学院领导、高职教育研究所各位同人及职业教育领域专家的支持与指导，吸收了相关学者学术成果的精华，在此向他们表示衷心的感谢。同时，希望本书能够起到抛砖引玉的作用，推动职业教育领域研究者、职业院校实践者对产教融合进行深入、系统的研究，为我国推进职业教育产教融合、校企合作提供更多的方式方法。由于编者团队能力有限，本书存在一定的不足和纰漏之处，敬请广大读者给予批评与建议。

编　者

2020 年 4 月

目录

第一部分　体制机制改革篇

第二部分　人才培养模式改革篇

第三部分　课程体系建设篇

第四部分　实习实训基地建设篇

第五部分　人才队伍建设篇

第六部分　服务产业能力建设篇

第七部分　其他建设成果篇

第八部分　资政建议篇

第一部分

体制机制改革篇

案例 1

破除体制机制障碍，引企入校共建二级产业学院

[摘要]“校企合作，产教融合”是高职院校开展教育教学活动的必由之路。为解决校企合作过程中企业动力不足的难题，辽宁机电职业技术学院通过校企合作共建校区、校企共建教育教学质量监控及保障体系、校企共建仪器仪表技术应用服务平台，实现“区校企”联动发展。为推进校企间深度融合，辽宁机电职业技术学院先后与企业建立了混合所有制的二级产业学院——黄海汽车工程学院、北方黄金珠宝学院、华孚仪表学院。为推进辽宁省仪器仪表产业集群发展，辽宁机电职业技术学院牵头组建了辽宁仪器仪表职业教育集团，创新运行机制，校企共建相关专业，共同开发资源共享平台，有效实现了集团规模化、集约化、连锁化的发展道路。

[关键词]“区校企”联动；办学体制；二级产业学院；职业教育集团；仪器仪表产业

校企合作是职业教育的灵魂，也是当前职业教育发展的瓶颈。为解决长期以来校企合作中的校“热”企“冷”、企业动力不足的难题，辽宁机电职业技术学院大胆探索，敢为人先，从突破办学体制入手寻找校企深度融合的切入点，通过创办二级产业学院、创建职业教育集团等形式，助推仪器仪表产业集群发展，在实践中走出了一条“‘区校企’联动发展，‘产学研’结合办学”的特色发展之路。

1 合作共建，实现“区校企”联动发展

建立产业集群化发展模式，适应全球化产业竞争“集群对抗”的新特征，实现辽宁产业结构调整升级和经济发展方式转变，是辽宁省委省政府做出的一项重要决策。2009 年初，辽宁省政府提出丹东要把仪器仪表产

业打造成千亿元规模的产业集群。学校抓住这一难得的历史机遇，在省教育厅的支持下，与丹东市政府紧密合作，实施“区校一体化建设”战略，实现了学校与丹东临港产业园区的联动发展。

1.1　区校一体

学校在丹东临港产业园区仪器仪表产业基地内，本着“三化、三结合、三平台”的建设理念，建设完成了仪表园校区，即校区规划实现“无界化、智能化、系统化”；设施建设彰显“理论与实践教学相结合、教学与职业培训相结合、教学与应用性技术服务相结合”的特点；服务功能体现在“仪器仪表产品展示平台、教育教学平台、社会服务平台”，实现了区校物理空间的一体化。同时，学校整合优化专业结构，将42个专业（方向）整合成智能控制技术、仪器仪表技术、装备制造技术、珠宝加工等9个专业群，全面对接仪器仪表产业集群，为辽宁仪器仪表产业发展提供人力资源和智力支持。

1.2　区校联动

学校与临港产业园区合作成立了区校合作发展委员会，委员会主任由丹东市委常委、副市长、园区管委会主任担任，委员会副主任由学校主要领导和仪器仪表产业基地的主要领导担任，制订了区校合作发展委员会议事制度，构建了基于“区校企”合作的教育教学质量监控及保障体系。区校合作发展委员会通过建立组织，完善制度，架构保障体系，将学校改革发展规划纳入了产业园区总体发展规划之中，搭建起“区校企”联动发展的决策议事平台。

1.3　区校合作

学校与丹东市政府、辽宁仪器仪表产业基地、科研院所合作，搭建起仪器仪表技术应用服务平台，将学校技术应用中心纳入研发体系。学校与产业基地、集团骨干企业合作，在产业基地内建立了辽宁仪器仪表产业基地大学生实习基地和创新创业学院，为学校和丹东市搭建了就业与创业平台。由于学校服务产业能力突出，被辽宁仪器仪表产业基地办公室授予“辽宁仪器仪表产业基地建设突出贡献奖”。

2　合作共进，推动校企二级学院融合发展

提高教育质量，创新体制机制，推进特色发展是新形势下高职教育改

革与发展的主题。校企合作、工学结合是高职教育人才培养模式改革的有效途径。为推进校企合作共建进程，学校专业与企业需求深度融合，学校先后成立了四个二级产业学院。

2.1 对接汽车产业集群，创办黄海汽车工程学院

2008年，我院与辽宁曙光汽车集团本着“确保学院主体办学性质不变，确保国有资产保值升值，确保教职员工编制身份不变，确保学院与企业共同发展”的原则，合作创建了二级产业学院——黄海汽车工程学院（以下简称“汽车学院”）。汽车学院位于汽车及零部件产业园内，实行董事会领导下的院长负责制，由企业全额投资基础设施建设，我校负责运营管理。校企合作成立董事会，确定发展规划和办学章程。校企双方共同制订招生计划、人才培养方案，校企资源共享，学校与企业在教学、生产方面统筹协调。学校在专业教学中引入行业标准、企业文化、产品及工艺。学生在学校和企业两个育人环境中成长。目前，曙光汽车集团已累计完成投资3200万元，每年设立额度为20万元的“曙光奖学金”。现有全日制在校生1200余人。黄海汽车工程学院已经成为曙光汽车集团的人才培养基地、企业员工的培训基地和汽车技术应用服务中心。

2.2 对接黄金珠宝产业集群，成立北方黄金珠宝学院

2011年，学校与丹东中金投资实业有限公司（现为丹东中金实业有限公司）、中国黄金协会等联合创立了另一个混合所有制二级学院——北方黄金珠宝学院（以下简称“珠宝学院”）。珠宝学院由中金投资实业有限公司投资建设，中国黄金协会政策支持，通过理事会管理模式管理运行，通过产、学、研结合办学模式实现了“四结合”，即学院教学内容与产业实际生产相结合、专业教师与能工巧匠相结合、能力培养与技能鉴定相结合、校园文化与企业文化相结合。随着北方黄金珠宝学院的发展，在企业的大力投入下，办学条件迅速改善，校内实训基地建设面积接近7000多平方米，各种先进设备总值达到400多万元。2014年，珠宝学院的宝玉石鉴定与加工专业被评为“辽宁省示范校财政支持重点建设专业”。2015年，国家珠宝玉石质量监督检验中心授予北方黄金珠宝学院为“中国黄金珠宝行业专业人才培训基地”。学校每年定向为相关合作企业与单位提供对口人才400多人，很好地满足了相关产业集群对人才的需要。

2.3 对接仪器仪表产业集群，成立华孚仪表学院

2016年11月，学院与丹东华孚集团合作，共同组建华孚仪表学院。

目前，华孚集团已投资300万元用于智能检测与控制工程技术中心、智能小区研究中心的建设。华孚仪表学院通过校企共同实施教育教学，共同组建研究中心，共同开展人才互动，实现校企双方贴紧靠实，资源互通，利益共享，抱团发展。校企双方致力于将华孚仪表学院建成华孚热电和华孚智能小区建设的重要人才支撑和技术保障基地。

2.4 对接丹东经济发展，成立丹东新区创新创业学院

2017年4月，学院与丹东新区管委会、丹东精谷科技有限公司合作共建的12000平方米的丹东新区创新创业学院正式成立。创新创业学院设有工业机器人应用实践中心、柔性制造创新实训中心、“产学研”一体化创研中心、大学生孵化中心和创新创业教育（培训）中心，引入了丹东高新技术创业服务中心（国家级科技企业孵化器）、丹东市电子商务平台、兴科中小企业服务中心等，为大学生创新创业提供了良好的环境和平台。2016年创新创业学院被辽宁省教育厅评为“辽宁省第四批大学生创业孵化示范基地”。2017年，我校被教育部认定为“全国第二批深化创新创业教育改革示范高校”。

3 合作共赢，促进职业教育集约发展

为响应“加快实现我省产业集群化发展新突破”的要求，积极服务于辽宁仪器仪表产业基地的发展，推进职业教育集约发展、连锁发展进程，学校于2011年10月成立了省内首家示范校职业教育集团——辽宁仪器仪表职业教育集团。集团通过深化治理结构、运行机制等内涵建设，集中集团优势资源，推进产教融合，创新人才培养模式，为辽宁仪器仪表产业的集聚发展提供了人才支撑和智力保障。以集团为纽带，院校之间、企业之间、校企之间形成了相互交织的利益链条，这一链条成为拉动仪器仪表产业发展的强大动力。

3.1 创新集团运行机制，深化内涵建设，增强集团凝聚力

集团采用理事会管理模式，并按照其服务领域和性质，将成员单位分成主导层、指导层和合作层。主导层即教育主管部门、产业基地管委会，主要在政策层面制订鼓励集团发展的政策或相关制度；指导层即行业协会、学会，主要从产业和职业教育发展方面给予集团合作层成员以指导；合作层即企业和职业院校，他们构成集团最活跃的部分，是推动集团发展的核心力量。合作层成员之间形成相互服务的关系，每个成员既是服务的

提供者，又是服务的接受者。合作层成员以互相提供优质服务为纽带建立合作关系，形成了利益共同体，促进了校企之间实现共享、互融、共赢，为集团发展提供了原动力。

3.2 对接仪器仪表产业集群，创新人才培养，构建职教体系

集团构建了丹东市政府“一元主导”，集团院校与仪表园区“双向联动”，校区建设与园区建设、技术中心与研发中心、校园文化与企业文化“三重融合”，政、行、校、企“四方共举”，院校办学定位与区域经济发展、专业设置与产业集群、课程内容与职业标准、教学过程与生产过程、中职教育与高职教育“五项对接”的合作体制机制。集团以产教深度融合为平台，启动卓越技师培养工程，探索出了“3111 工学交替模式”“411 生产实习模式”“‘2+1’订单模式”“卓越技师班”“专业导师制”“技能大赛制”等创新人才培养实践模式。集团以“厂中校”建设模式，成立了“手表装配技师班”；以“校中厂”建设模式，成立了“鑫实数控机床装调与维修技师班”。集团通过创新实践，促进产教有机结合，形成适合高职教育的多层次能力、多梯次岗位人才培养新模式；促进教师、企业工程师、技师合作，共同参与项目开发、产品研发、技术服务和教育教学；促进“三师联动”“三能合一”教学团队的形成。同时，集团内院校实行弹性学制和学分制管理。学生可以进行半工半读，企业工作经历可以计算成学分，员工的培训与工作经历也可以计算成学分，实现了集团内企业员工和集团内院校学生角色的转换，营造了适合个人终身学习的环境，实现了企业发展、院校发展和个人发展的统一。

3.3 搭建资源共享平台，服务成员单位，实现辐射带动

集团与丹东临港产业园区合作成立了区校合作发展委员会，制订了区校合作发展委员会议事制度，搭建了“区校企”联动发展的决策议事平台。集团与市政府、产业基地企业、科研院所合作，已建成仪器仪表产业基地科技信息中心、丹东市知识产权服务中心、丹东市“产学研”合作服务中心、国家技术转移中心丹东分中心 4 个公共技术服务平台，建成了智能流量仪器仪表工程技术研究中心、射线仪器工程技术研究中心等 7 个专业研发机构，搭建了仪器仪表技术应用服务平台。

围绕仪器仪表职业教育集团建设内容，集团启动建设仪器仪表类专业教学资源库、学生自主学习平台和教学管理平台，实现优质教育教学资源共享；集团引入仪器仪表行业职业标准，构建仪器仪表职业技能鉴定体

系，搭建仪器仪表行业继续教育平台，实现职业培训与岗位技能训练、学历教育相衔接；集团内“区校企”合作，共建仪器仪表教学实践与技术应用中心，在企业内建立教师访问工作站，搭建仪器仪表类专业“产学研”服务平台，提升集团内高职院校的社会服务能力。

为加强集团成员单位间的信息交流，尤其是集团内企业用人需求、技术服务需求以及中高职院校就业与招生信息等方面的诉求，集团建设了辽宁仪器仪表职业教育集团专题网站，该网站已链接到全国集团化办学专题网站。为促进集团成员单位及时了解和关注职业教育相关政策和理论，集团创建了“职教锐视角”微信公众平台，该平台定期传送国家、省级等层面的相关政策以及职业教育领域专家学者的最新成果，并不定期围绕集团发展的重点展开讨论。

集团自成立以来，已签署96份校企合作协议，24份中高职联合培养协议，1000余份“四技”合同，实施了“现代学徒制”等多种人才培养模式。集团与辽宁教育研究院合作开展的“辽宁仪器仪表职业教育集团现状调查与推进策略研究”课题成果入选《辽宁教育决策咨询研究（2013）》，集团的建设经验入选《全国职业教育集团化办学典型案例汇编（2015）》。同时，集团内成员单位共同研究的“职业院校依托职教集团创新人才培养模式的研究与实践”成果荣获“辽宁省教育教学成果一等奖”。

（执笔人：王忠诚 沈会超）

案例 2

校企联动辟蹊径，股份合作出奇招

——辽宁机电职业技术学院股份制二级产业学院建设案例

［摘要］鼓励公办和社会力量举办的职业院校相互委托管理和购买服务的机制，探索发展股份制、混合所有制职业院校，是当前职业教育发展的一个热点问题。辽宁机电职业技术学院在探索股份制办学机制体制改革方面，勇于探索，敢为人先，于 2008 年率先成立了基于董事会管理模式的黄海汽车工程学院。本文提出了该二级学院的合作形式、治理结构、运行机制和利益分享机制。

［关键词］办学体制；二级产业学院；股份制；治理结构；运行机制

黄海汽车工程学院成立于 2008 年 11 月 22 日，是辽宁机电职业技术学院与辽宁曙光汽车集团股份有限公司本着“战略融合、机制保证、功能对接、人才共用、设施共享、互动共赢”的校企合作原则，共建的基于董事会管理模式的二级产业学院。

黄海汽车工程学院现开设汽车检测与维修技术、汽车制造与装配技术、汽车营销与服务、汽车电子技术 4 个专业。现有在校生 900 余人；现有教师 28 人，其中硕士研究生教师 19 人，教授（教授级高级工程师）2 人，副教授（高级工程师）7 人，“双师素质”教师的人数占专业教师的 90%。

图 1　黄海汽车工程学院揭牌仪式

学院拥有 1 个汽车维修实训基地、1 个无损检测技术实训基地、1 个焊接技术实训基地。其中，汽车制造与装配技术专业于 2014 年被评为“辽宁省财政重点支持建设的辽宁省职业教育改革发展示范专业”。

近年来，黄海汽车工程学院教师先后公开发表论文 120 余篇，公开出版教材 20 余册，取得辽宁省优秀教学成果奖二等奖和三等奖各 1 项，取得省、市级科研成果 3 项，获国家专利 4 项，省级精品课 1 门，省级精品教材 1 部；专任教师中，担任国家教育部汽车类高职专业指导委员会委员 1 人，担任国家创新基金评审专家 1 人，担任国家数控紧缺人才培养工程协作院校常务理事 1 人，担任辽宁省高职专业指导委员会委员 1 人，被评为省高职专业带头人 1 人，被聘为省科技评审专家 1 人，被评为丹东市学科带头人 1 人，被聘为丹东市科技评审专家 4 人。黄海汽车工程学院学生于 2014 年荣获“首届全国大学生无损检测（超声）技能大赛”三等奖，2015 年和 2016 年荣获“辽宁省汽车维修技能竞赛”二等奖，2016 年荣获“辽宁省汽车营销技能竞赛”三等奖。

1　具有开创性的合作形式

黄海汽车工程学院由辽宁曙光汽车集团股份有限公司全额投资基础设施建设，由辽宁机电职业技术学院负责运营管理，校企双方共同确定发展规划和办学章程，共同制订招生计划和人才培养方案，专业设置全面对接汽车制造产业链，课程模式无缝对接汽车制造与生产过程。企业成为学院的教学工厂，学院是企业的人才培养与培训基地。校企双方共同打造“百年曙光”文化品牌，铸就“产学一体”特色学院。

黄海汽车工程学院充分利用企业优良的人力资源和先进设备的优势，学习、借鉴国外先进的职业教育经验，秉承“依托企业、紧贴行业、服务地方、面向世界”的办学理念，努力探索校企结合、工学交替的人才培养模式，铸就一流的汽车教育平台，对接国际汽车行业前沿技术，为辽宁省汽车行业培养高水平的具有国际视野的“汽车制造与装配技术”专业方面的高端技能型人才。学校和企业通过校企合作、双向融合，建立长期稳定的校外顶岗实习、订单培养基地，实现教师和工程技术人员互兼互聘。学校与企业共同制订人才培养方案，开发课程和教材，建立资源共享型校企合作关系，形成企业全程参与专业建设的办学新模式。校企之间的深度合作使学生在学校和企业两个育人环境中获得成长，人才培养质量持续提高。

图 2　学院党委书记王忠诚与曙光汽车集团董事长李进巅洽谈校企合作事宜

图 3　曙光汽车集团黄海客车校外实训基地

2　明晰有效的产权和治理结构

黄海汽车工程学院现有固定资产（合作之日清点备案）的所有权在合作期间及合作之后不变。合作期间如需要增加，由校董事会批准，合作结束后，黄海汽车工程学院财力投入的部分产权按双方所占利润比例划归各自所有；合作期间各自投入的部分产权归各自所有。

黄海汽车工程学院实行董事会领导下的院长负责制，学院董事会由辽宁曙光汽车集团股份有限公司、辽宁机电职业技术学院中的 5 人组成，设董事长 1 人、董事 4 人，其中 1/3 的董事应具有 5 年以上的教育教学经验。董事长由辽宁曙光汽车集团股份有限公司推选，4 名董事由辽宁曙光汽车集团股份有限公司和辽宁机电职业技术学院各推荐 2 人。学院重大事项由董事会决定，实施目标管理，充分发挥教师的管理积极性，逐步实现民主自治、教授治校。

在企业和学院资金的共同投入下，黄海汽车工程学院办学条件迅速改善，校内实训基地建设面积达 2000 多平方米，各种先进设备总值达到 500 多万元，每年定向为相关合作企业与单位提供对口人才约 400 人，充分满足合作企业的人才需求。

3　不断完善的运行机制

黄海汽车工程学院实行董事会领导下的院长负责制，坚持“行业指导、校企合作、平等互利，共同发展”的原则，努力探索产、学、研结合的办学途径。

董事会是黄海汽车工程学院的决策机构，对学院重大决策进行监督、指导、咨询，确定学院的教育目标、办学方针、年度教学计划及中长期发展规划，研究并提出学院招生规模、专业设置方案；审议学院的预决算，管理学院的基金与资产，讨论和决定学院的重要经费开支，监督和审核资金的使用情况，指定教师工资标准和学生收费标准等；对学院内部管理机构的设置方案、教职工的薪酬方案做出决定；对汽车学院进行间接管理。

董事会利用各种社会关系和影响力为学院筹集资金，设立办学基金，保证学院有稳定的经费来源；设立并筹措董事会基金，审议董事会基金的使用和管理情况；负责学院全部资产的转让、出售、出租、设定抵押或其他形式的对外担保；对学院主动放弃尚未到期或已经到期但尚未偿还的债权负责；制订学院终止时的财产清算规则；批准清算委员会的人选及清算报告。

黄海汽车工程学院的日常教育教学管理工作由辽宁机电职业技术学院直接管理，辽宁曙光汽车集团股份有限公司派1名代表担任汽车学院副院长，长期在汽车学院工作，负责校企间的沟通协调和汽车学院日常支出的资金审计工作。

4　权责对等的成本与效益分担机制

黄海汽车工程学院面向学生的各种收费如学费、住宿费等由学院董事会根据国家有关规定确定，报省物价管理部门批准后执行。相关收费手续由辽宁机电职业技术学院办理并按时拨付给黄海汽车工程学院。学院财务工作由学院财务管理办公室管理。学院财务管理办公室组成人员由辽宁曙光汽车集团股份有限公司选聘。学院财务管理办公室在院长领导下负责学院的日常财务管理。

黄海汽车工程学院学生的学费、住宿费及相关一切收入作为学院的总收入。学院每年的纯利润分配为辽宁曙光汽车集团股份有限公司占70%，辽宁机电职业技术学院占30%。合作前双方债务各自承担。合作期间发生亏损或产生的债务，辽宁曙光汽车集团股份有限公司承担70%，辽宁机电职业技术学院承担30%。

5　需要改进的工作及努力方向

职业院校建设永远在路上。黄海汽车工程学院经过多年的建设，虽已取得了一定成绩，但还存在一些问题亟待解决：一是校企合作体制机制尚未完全建立，有待进一步完善；二是在人才培养模式和课程体系改革方面还需要做进一步的创新和探索，以适应现代职业教育的要求；三是合作企业受经济效益的影响，在缺乏校企合作办学扶持政策支持的情况下，对投资学院建设的积极性不高，影响校企合作股份制办学的改革发展进程。

（执笔人：王德发　李冬冬）

案例3

“校会企”联袂建平台，“321”订单育人才

［**摘要**］目前，我国校企合作受到政府、职业院校和企业的广泛重视，但是由于没有与之相配套的政策法规，“校会企”合作三方在权利、义务上存在较大分歧和矛盾，同时企业缺乏与学校的合作动力，阻碍了校企合作的深入发展。本文从当前职业教育的实际情况出发，探索解决校企合作体制机制问题，解决人才培养环节的企业合作动力问题；解决以往人才培养过程中的岗位对接不紧密、培养体系不完善问题；创新合作育人模式。

［**关键词**］“校会企”合作；体制机制；人才培养

目前，高职校企共建二级产业学院已经成为校企合作的主要模式和平台，成为高职院校创新办学体制与机制，利用企业资源，实现自身发展的重要突破口。

图1　北方黄金珠宝学院成立揭牌仪式

北方黄金珠宝学院（以下简称“珠宝学院”）是由辽宁机电职业技术学院在2011年与丹东中金投资实业有限公司（现为丹东中金实业有限公

司）、中国黄金协会等联合创立的二级产业学院，该产业学院由辽宁机电职业技术学院负责管理运行，丹东中金投资实业有限公司投资建设，中国黄金协会政策支持，通过理事会管理模式，创新办学体制与运行机制。理事会由辽宁机电职业技术学院北方黄金珠宝学院、丹东中金投资实业有限公司、中国黄金协会、中国珠宝协会、国家珠宝玉石质量监督检验中心等组成。

1　实施背景

我国的校企合作受到政府、职业院校和企业的广泛重视，并且在校企合作、产教融合方面取得了初步成效，但是由于与之相配套的政策法规还不完善，“校会企”合作三方在权利、义务上存在较大分歧和矛盾，同时企业缺乏与学校的合作动力，阻碍了校企合作的深入发展。辽宁机电职业技术学院也面临这样的问题：如何更有效地吸引行业企业积极参与高等职业教育和教学改革中来，让企业也成为高等职业教育办学的主体？

辽宁机电职业技术学院还面临着办学经费相对不足，专业设置与产业不对接，课程与岗位对接不紧密，人才培养模式创新缺乏必要的与企业环境相一致的各种基础条件，师资培养缺乏企业环境等一系列问题。

2　主要目标

辽宁机电职业技术学院通过与丹东中金投资实业有限公司合作，采取理事会管理模式成立了二级产业学院——北方黄金珠宝学院，探索深层次解决企业合作动力问题和人才培养同质化问题，创新办学机制体制和人才培养模式，实现学生、学校和企业的“三赢”。

3　工作过程

3.1　解决校企合作体制机制问题，深层次解决人才培养的企业合作动力问题

采取理论指导实践的方法确立了“多元主体协同互动”的职教理念，学校、行业协会、企业（以下简称“校会企”）合作成立了理事会管理模式的二级产业学院——北方黄金珠宝学院，构建并完善了理事会章程等制度体系和运行保障机制。

“校会企”合作，在学校共建“校中厂”，在企业共建“厂中校”，校企共建产品创意工作室，通过双向互动、资源共享、互惠多赢，学校成为行业

企业的职业技术培训基地和“产学研”基地，调动了企业参与办学的积极性（如图 2 所示）。

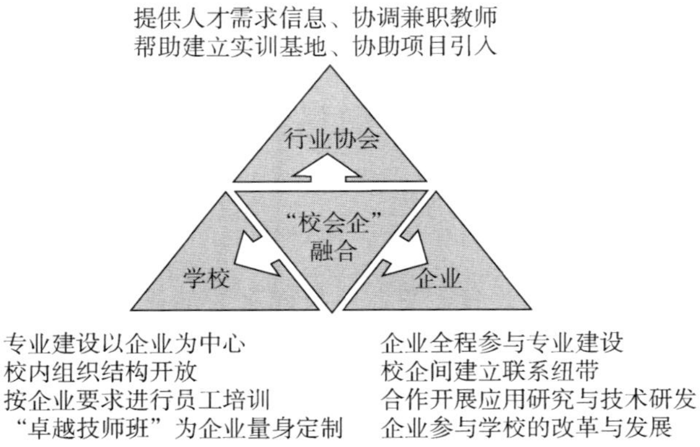

图 2 “校会企”合作示意图

3.2 解决人才培养岗位对接不紧密、培养体系不完善问题

以中国黄金高端技能人才培养基地为平台，“校会企”联合培养学生。学生参与企业产品研发，毕业后又可以“具有珠宝类企业工作经历和研发背景”特质成为企业青睐的业务骨干。

珠宝学院建立以产品为纽带的生产性实训基地；实行“四直通”的课程模式；建立由“认知教育、实践训练、联合培养、企业创业”四个阶段构成的“321”全程递进开放式人才培养模式（如图 3 所示）。

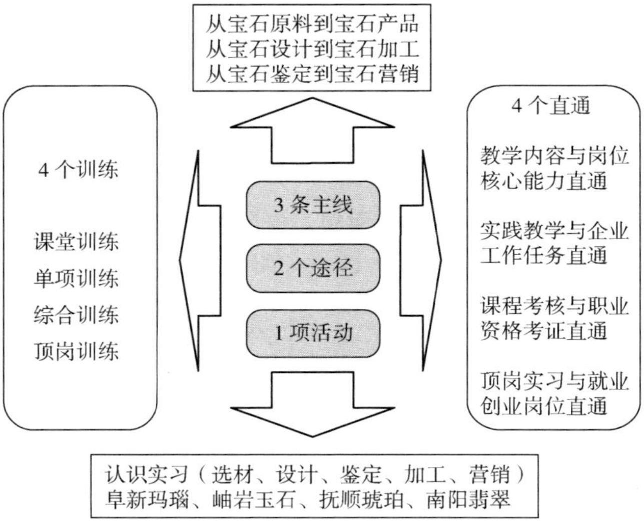

图 3 “321”全程递进开放式人才培养模式

3.3　解决人才培养同质化问题

珠宝学院采取校企共建工作室的模式，建立分类选拔培养制度，在保证人人成才的同时，为有创意的学生提供首饰设计与制作场所，提高学生的生产实践能力。

学院建立创业中心。开发专门从事黄金珠宝首饰销售的“独品”电子商务创业平台，引导学生把自主创意、首饰设计、DIY 产品进行网络销售，培养学生创新创业能力。

学院成立“卓越技师班”。“校会企”制订珠宝首饰卓越技师培养方案，实行校企“双导师制”，着力培养高级首饰设计师、钻石分级师、高级首饰制作师、高级宝玉石鉴定师。

4　条件保障

4.1　关切企业利益

为了能更有效地吸引企业积极参与高等职业教育教学改革，使企业成为高等职业教育办学的主体，高等职业院校必须把关注企业利益放在首位，在办学体制机制的制订过程中要给予企业足够的话语权和决策权。学校、企业的多层次互动和深层次融合，使得企业在优秀人才的选择、创新能力的提升等方面获得输入和补充。

4.2　要选择行业龙头企业进行合作

只有行业中的龙头企业，才能代表行业的未来发展趋势，并在企业文化、创新能力等方面处于行业领先地位，能够为高职院校提供足够的资源。只有行业龙头企业参与校企深层次合作，才能对高等职业教育在各方面的发展和创新起到足够的带动力。

5　实际成果、成效及推广情况

5.1　理论创新

珠宝学院提出了“多元主体协同互动”的职教理念，实行了理事会管理模式，完善了管理制度体系，使学校、行业协会、企业同为办学主体，实现了教学内容与生产项目、专业教师与能工巧匠、能力培养与技能鉴定、校园文化与企业文化的对接融合。

5.2 机制体制创新

珠宝学院由辽宁机电职业技术学院负责管理运行，丹东中金投资实业有限公司投资建设，中国黄金协会政策支持。珠宝学院采取理事会管理模式，下设管理委员会，校企双方共同制订《理事会章程》。学校通过制订规范的校企合作机制体制、管理制度体系，增强了行业协会、企业与学校合作办学的动力。企业参与人才选拔、教学、“实训带教”、卓越人才培养、学生创业的全过程，毕业生成为企业竞相聘请的人才；学院作为中国黄金高端技能人才培养基地，为企业培训了大量员工，使企业愿意出人、出资、出项目参与人才培养的全过程。

5.3 培养模式创新

珠宝学院以产业集群内“前店后厂”型企业核心、关键工作岗位分析为依据，以“德育首位、能力本位、文化品位”三位一体的素质教育为基础，深化教学改革，建立以就业为导向的“四通型”教学模式，以创意设计、工艺制作、鉴定营销能力培养为核心的“课、证、岗”模块化、进阶式珠宝类专业课程体系。珠宝学院将珠宝类专业的人才培养目标概括为会选材、懂设计、能加工、通鉴定、善营销。

5.3.1 创新“321”全程递进开放式人才培养模式

一是突出3条主线。

从宝石原料到宝石产品过程、从宝石设计到宝石加工过程、从宝石鉴定到宝石营销过程，共3条主线。校企合作单位为3条主线的有效实施提供了实习环境与实习指导，同时为优秀学生提供了就业机会。

二是完善2个途径。

途径一：4个训练；途径二：4个直通。

4个训练：“学习任务性”课程涵盖课堂训练和单项训练；“工作任务性”课程涵盖综合训练和顶岗训练。

4个直通：教学内容与岗位核心能力直通、实践教学与企业工作任务直通、课程考核与职业资格考证直通、顶岗实习与就业创业岗位直通。

在完善2个途径过程中，合作企业为专业课程组提供了真实的训练任务与项目内容，同时帮助学生明确了目标岗位、岗位任务以及所需要的职业能力。

三是做好1项活动。

1项活动即校外活动，涵盖认识实习及珠宝商贸活动。其中，包括对辽宁特色宝玉石市场及加工厂的认识学习，以及对玛瑙、玉石、琥珀、翡翠等天然玉石及有机宝石从选材、设计、鉴定、加工、营销等全方位的初步认识学习。丹东中金投资实业有限公司的认识实习可以帮助学生初步了解黄金加工流程，并以河南南阳玉器批发市场为基地，进行指导性的珠宝商贸活动，从而为后续的模块化、进阶式、“产教一体化”学习及工作奠定基础。

5.3.2　构建“德育首位、能力本位、文化品位”三位一体的素质教育模式

学院建立“导师制”，培养高端技能型人才。学院聘请“思想政治素质过硬、教学水平高、生产实践技能突出、技术服务能力强”的“双师”素质教师和企业的兼职教师担任学生的导师。导师根据个性特点、特长、发展潜质、职业意向等因素选择一定数量的学生，并根据学生的创意与企业生产要求展开师生互动。

学院实施“创新能力培养工程”。在“导师制”基础上，吸引学生参加教师的横向课题；开展珠宝首饰设计大赛、创意作品向个性商品转化大赛、“技能大比武”活动；组织学生参加国内外设计大赛；组建创新型社团，以强化学生的动手能力；建设校内珠宝设计中心及工作室、珠宝加工中心及工作室、珠宝鉴定与商贸中心及工作室等实训基地，夯实学生的企业核心岗位能力，促使学生掌握拓展岗位与企业所需关键岗位技能，进而提升学生的就业能力。

5.3.3　深化教学改革，建立以就业为导向的“四通型”教学模式

学院为确保学生的高就业率，在教学模式上体现教学内容与岗位核心能力直通、实践教学与企业工作任务直通、课程考核与职业资格考证直通、顶岗实习与就业创业岗位直通。具体内容如下。

5.3.3.1　教学内容与岗位核心能力直通

依据珠宝首饰企业对首饰设计师、贵金属首饰手工制作工、宝玉石鉴定检验员、钻石鉴定检验员、展厅销售员等岗位要求，本着“实用、够用、能用”的原则，学院调整首饰设计、首饰制作工艺、珠宝首饰鉴定、钻石分级、珠宝首饰市场营销等核心课程内容，使这些核心课程的内容与岗位核心能力的具体要求相对应，并与贵金属首饰手工制作工、宝玉石钻石鉴定检验员、中高级首饰设计师等职业技能的要求有机地融合起来。

图 4　学生认真学习宝玉石鉴定技能

5.3.3.2　实践教学与企业工作任务直通

学院在教学实践过程中，加强与企业进行紧密型合作，依托实训教学设备，把企业的设计任务和生产任务直接引入课堂，把工作任务和教学任务融为一体，实现珠宝首饰设计作品到珠宝首饰产品直至商品的转化。学院在“首饰专题设计”课程的教学中，依托校外珠宝首饰实训基地，分别由企业下达专题设计任务，让学生“真题真做”。学生的创意设计作品得到企业的认可后，直接交付企业进入生产环节，并把企业采用的情况作为学生相关课程学习成绩的主要评价依据。“工艺品设计与制作”“无宝首饰制作”“首饰蜡版制作实训”等课程的个性创意作品可以直接在学院珠宝商贸中心转化为商品，这样可以提升学生的创作能力和制作的积极性，从而使教、学、做转化为做、学、教，进而形成优势循环。

5.3.3.3　课程考核与职业资格考证直通

主干课程的教学就是核心技能的训练过程，主干课程的考核直接以技能证书的获得作为评价方式，这样使课程考核与职业资格考证实现直通。学院将钻石鉴定检验员和宝玉石鉴定检验员的职业资格考试成绩分别作为“宝石学基础”“珠宝首饰鉴定”“钻石鉴定与分级”等核心课程考试成绩的组成部分；将贵金属首饰手工制作工的考证成绩作为“无宝首饰制作”“镶嵌首饰制作”“首饰蜡版制作实训”等核心课程考试成绩的组成部分，实现课程考核与职业资格考证的直通。

5.3.3.4　顶岗实习与就业创业岗位直通

学生经过校内生产性实训的训练，将在第六学期完全进入相关企业进行顶岗实习。学生以试用人员的身份在企业完成毕业实习，而企业则在毕业生完成实际任务的过程中对学生进行全方位考核，经过双向选择，学生实现从毕业到就业的转变。

5.3.4　以“技能大赛”为纽带，创办“卓越技师班”，培养珠宝行业关键岗位人才

学院通过一年的考察，在珠宝类专业群的学生中选拔一些有创新能力、自主学习能力、积极向上的学生组成“卓越技师班”。该班由实践能力强的骨干教师以及企业兼职教师担任指导教师，根据学生的特点量身定制教学计划和教学内容，梳理学习型工作任务与实际工作岗位学习任务，围绕“技能大赛”项目、企业关键岗位技能、企业技术服务项目，进一步加强实践技能训练，培养学生的实战能力，推出学院的品牌学生。珠宝类专业群第一届毕业生中有多名学生在企业的设计部、起版部、鉴定与质检部参加顶岗工作。

5.3.5　建立“创业导向、企业参与、滚动分流、综合评价”的创新创业型人才分类选拔培养机制

学生在工作室进行首饰创意、首饰设计与制作。学生在创业中心将自己的创意作品放到学院开发的电子商务创业平台上进行销售。挑选工作室中品学兼优的学生成立“卓越技师班”，由教师和企业技师共同指导，师生合作完成新产品的制作与研发。

以校企共建的学生工作室为载体，以“独品”电子商务创业网站为平台，针对珠宝类专业特点以及就业岗位特点，学院会在每学期初进行新生入学教育、就业岗位典型能力分析、就业创业前景分析以及创业精神培养的讲座，不断向学生渗透创新创业的重要性。

在人才选拔上，学院通过“一技之长和综合素质”的考核，在大一、大二学生中选拔品学兼优的学生，将他们分派到珠宝设计、宝玉石鉴定、首饰银版蜡版制作的创新创业班中，促进技术全面、梯队结构合理的工作室管理员团队的形成。经过一段时间的实践指导与培训，逐步细化职业技能，形成“卓越技师班”。

创业导向使产学结合、校企合作突破了只停留在学校与社会的层面。学校自创的经济实体是对校外企业的真实演练，按照市场经济的规律运作，学生不是为了实习而实习，而是一种实战的训练。以学院超市、“卓越技师班”及电子商务创业班为载体，建立自创经济实体，所有成员都由学院的专业教师、企业技师与学生组成，对外承接业务。学生一进学校就从企业的最基层做起，他们跨入校门后就有两个身份：学生与企业员工。

学生将学到的专业知识和技能在实践中加以运用，以实现就业“零距离”的上岗培养目标，这样可以促进学生的专业技能在实际操作的过程中得到提高，也使学生的主体作用得到充分的发挥，极大地调动了学生主动

参与的积极性。同时，自创的经济实体利用自己的技术优势和人力资源优势，注重创造经济效益，为学生实习、实训提供更多、更好的条件，也为高职院校的多元管理模式提供更好的思路。

企业参与是学院与相关专业的行业协会建立合作关系，享受该行业企业群的诸多资源，同时学院利用自身的资源和优势为企业群体服务，达到资源共享、互惠互利的目的。学院教师与企业专家在市场调研的基础上，根据行业需要，共同制订人才培养方案，确保学生获得的是本专业市场所需要的扎实的基础知识和应用技术。学院邀请企业专家走进校园，对学生进行新知识、新技术、新工艺的培训，同时学生进入企业进行顶岗实训。企业专家和学院教师共同帮助学生解决实践中遇到的问题，收集学生的反馈意见，调整在校学生的培养计划，使学生更能适应行业、企业的需要。

滚动分流指的是在录用“卓越技师班”成员时，完全打破专业的界限，通过“一技之长和综合素质”的初次选拔，再进行答辩，为“卓越技师班”挑选兴趣浓厚、动手能力强、综合素质高的学员，这样有利于进一步对学生的培养。

综合评价是“激励”与“约束”并行。“激励”就是要为有创意的学生提供首饰设计与制作场所，同时将创意作品推荐到学院自创的电子商务创业平台网店上进行销售，把销售业绩与成绩挂钩，调动学生学习的积极性和创造性。每年还要在“卓越技师班”中选拔优秀的成员参加宝玉石鉴定、首饰设计、起版、倒模等大赛。“约束”就是采取学生自评、学生互评、教师对学生的点评、技师对学徒的点评等方法，从学生的日常文明素养、自主研发能力、研发项目的参与度、手绘创新能力、J-CAD 创新能力、鉴定能力、起版能力、提供技术服务能力等方面对学生的综合素质进行定性、定量的考核。

分类人才选拔与培养机制主要是学院利用自己的技术优势和人才优势，为相关企业、行业的发展提供技术服务平台。教师带领学生直接参与企业的产品研发，提供市场信息，为企业的发展出谋划策。这样做的好处如下：对企业而言，能为它的发展甚至走出困境提供帮助；对学校而言，学生参与的积极性高，积累了实战经验，毕业后很快就能在服务过的单位找到专业对口的工作，有些优秀的学生在实习时就可以成为这些企业的骨干。如此，使企业、行业与学院之间的联系更为紧密，真正达到“三赢”的目的。

6　取得的成效和经验启示

经过多年的实践，“校企合作背景下二级产业学院办学体制与培养模式创新研究与实践”于2014年获国家职业教育教学成果二等奖和辽宁省教育教学成果一等奖；“校企双赢模型下高职院校大学生自主创业孵化机制实践研究”获辽宁省教学成果二等奖。学院实现了人才培养规格与行业企业需求、素质教育与技能培养、教学内容与生产项目、专业教师与能工巧匠、能力培养与技能鉴定、校园文化与企业文化的六大融合，教师队伍的整体水平和人才培养质量显著提高。近年来，师生共获得省级以上职业技能竞赛一等奖5项，二等奖3项，毕业生质量就业率达98%，专业对口率达97%以上，在全国黄金珠宝行业前10强企业就业的就业率达70%以上。教师主持完成的成果有相关省级以上教研课题7项、公开发表论文7篇、主编出版国家规划教材4部。同时，围绕“321”人才培养模式，学院编制了质量工作手册，建立了人才质量保障体系。

北方黄金珠宝学院通过搭建珠宝类高层次人才创新创业平台和成果孵化基地（“卓越技师班”），实现了学校、企业、学生的“三赢”，解决了校企合作动力和校企实质性联合培养高层次人才实施方案的两个关键问题，构建了“课、证、岗”模块化、进阶式、“产教一体化”课程体系与“321”全程递进开放式人才培养模式，建立了“创业导向、企业参与、滚动分流、综合评价”的创新创业型人才分类选拔培养机制。毕业生获得了首饰设计、鉴定、加工、营销四个环节的理论与实践经历及企业实践经历、国际交流实践经历等，具备了珠宝领域的原始创新能力、产品研发能力和创业能力，实现了校企互动及创新创业型高级人才培养的一贯性。

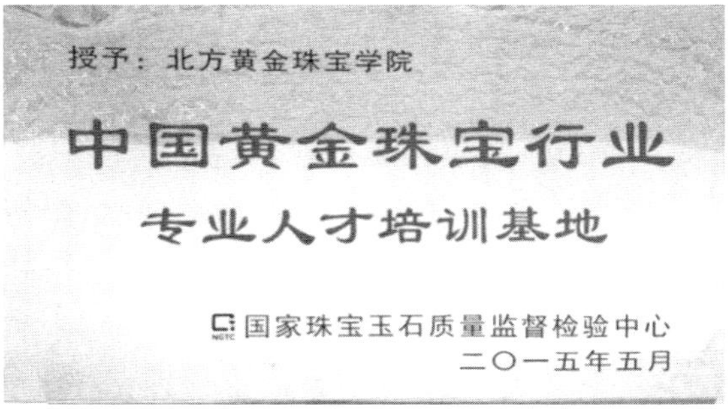

图5　学院获批为“中国黄金珠宝行业专业人才培训基地”

（执笔人：潘维琴　赵东明）

案例 4

校企合作再获新突破，创新育人再谱新篇章

[摘要] 本案例详细介绍了辽宁机电职业技术学院与丹东华孚集团合作共建二级产业学院——华孚仪表学院的过程，阐述了华孚仪表学院的办学思路和相应的办学举措。

[关键词] 校企合作；体制机制；办学思路；办学举措

目前，高职校企共建二级产业学院已经成为校企合作的主要模式和平台，这成为高职院校创新办学体制与机制，利用企业资源，实现自身发展的重要突破口。辽宁机电职业技术学院瞄准高职教育发展前沿，以“合作、对接、共赢”为主题，以“合作办学、合作育人、合作就业、合作发展”为主旨，紧紧抓住“深化产教融合，突出校企合作”这条高职院校发展的生命线，不断创新办学体制与运行机制，在全省高职院校中率先开创了“企业投资，学院管理，共建二级产业学院”的校企深度融合发展模式，走出了一条“‘区校企’联动发展，‘产学研’结合办学”的特色发展道路。学校先后与辽宁曙光汽车集团合作创建了股份合作制的黄海汽车工程学院，与丹东中金投资实业有限公司（现为丹东中金实业有限公司）合作创办了理事会管理模式的北方黄金珠宝学院。2016 年，学校与丹东华孚集团合作，共建了华孚仪表学院。

1　华孚仪表学院的组建过程

丹东华孚集团作为我市实力雄厚、管理规范、颇具影响的大型股份制企业，一向注重人才培养与内涵发展。为充分发挥各自优势，努力开展深层次校企合作，推进产教融合发展，自 2016 年 5 月以来，学校经过与丹东华孚集团的多次协调沟通，校企双方达成了合作战略框架协议，决定组

建“校企协同创新联盟”，以实现“互惠双赢，共同发展”。如今，华孚仪表学院正式挂牌成立了，这标志着丹东华孚集团与我校的合作跨入了新的高度，迈入了新的征程！

图 1　华孚仪表学院成立大会（1）

图 2　华孚仪表学院成立大会（2）

2　华孚仪表学院的办学思路

华孚仪表学院将根据企业生产和管理需要，将技能型人才培养与企业生产实际紧密结合。学院与企业共同实施教育教学，共同组建研究中心，共同开展人才互动。校企双方互相支持、优势互补、资源互通、利益共享，真正做到以联合推动合作，以整合促进合作，以融合提升合作，企业成为学院进步的“助推器”，学院成为企业发展的“动力源”。

3　华孚仪表学院的办学举措

3.1　资金投入

为促进华孚仪表学院发展，丹东华孚集团于 2017—2019 年每年为华孚仪表学院投资 100 万元，用于华孚仪表学院实训室建设、研究中心建设、技术研发和奖教奖学金等。

图 3　执行院长缴瑞山代表华孚仪表学院接受韩勇起董事长捐赠

3.2 技术研究中心建设

双方共建智能检测与控制工程技术研究中心和物联网应用技术研究中心（以下简称“研究中心”）。研究中心以服务企业发展为目标，针对企业实际生产中遇到的技术问题，开展研究、攻关，为企业发展提供技术支持。

3.3 资源共享

实现教育教学资源和企业资源的共建共享。双方开展校企合作和产、学、研结合，共同进行科学研究和技术开发，为企业提供必要的智力支持。学院通过“订单式培养”和“现代学徒制”等方式，为企业提供“留得住、用得上、用得好”的优质人力资源。校企分别设立“校中厂”“厂中校”，推动校企互动融合。学院多措并举，满足企业发展需求和学院学生个人成长、成才需求。

3.4 员工培训

学院可利用自身现有的资源为企业员工提升工作能力开展各类培训；企业为学生提供顶岗实习场所，选聘行业和企业技术专家作为指导教师，指导学生实习。

3.5 资金奖励设立

为进一步加强对专业人才的培养，丹东华孚集团特设立“华孚梦想慈善基金”，为华孚仪表学院的师生提供具有激励性的奖励基金和生活上的资助。“华孚梦想慈善基金”共设立三大资金奖励体系，分别为“优秀学生奖学金”“优秀教师激励金”和“贫困学生助学金”。

优秀学生奖学金包含七类优秀奖励，意在培养德、学、体、劳全面兼备的综合性人才，以符合国家教育宗旨，符合当今社会对人才需求的标准要求。

优秀教师激励金包含三项，分别是专项科研激励金，奖励对象是指导学生为学校和国家赢得荣誉或参加有影响力的国际交流活动、科研活动取得一定成绩或为学校改革发展提出可操作性意见的教师；课程开发激励金，奖励对象是结合企业实际情况开发的优质课程，并真正为企业解决一定问题或有助于大幅提升学生专业能力、文化素养、学习工作方法等课程的教师；师带徒激励金，奖励对象是优秀辅导员、班导师。

贫困学生助学金，用以资助学院中家庭贫困或家庭突发变故、重大疾病的学生。

千川汇海阔，风正好扬帆。华孚仪表学院的正式成立标志着我校的校企合作又迈上了一个新的台阶，这必将推动我校在"'区校企'联动发展，'产学研'结合办学"的特色发展道路上奋力前行，不断取得新的业绩、新的辉煌！

（执笔人：缴瑞山　宋艳丽）

案例5

精准定位产业集群，“政行校企”联动共赢

[摘要] 辽宁仪器仪表职业教育集团作为辽宁省首家示范性职业教育集团，自成立以来以项目建设为抓手，以专业建设为纽带，对接仪器仪表产业集群，实施“区校企”联动发展策略，在办学体制机制改革、创新创业教育和数字资源建设等方面取得了可喜的成绩。为服务辽宁仪器仪表产业集群发展，由集团牵头，辽宁机电职业技术学院将主校区搬迁至辽宁仪器仪表产业园区内，并同园区工业技术研究院和丹东华孚集团合作，成立了二级产业学院——华孚仪表学院。以此为基础，集团院校与产业基地管委会、丹东精谷科技有限公司合作，成立了丹东新区创新创业学院，打造了众创空间和国家级科技企业创业孵化基地。为服务仪器仪表产业中小微企业的发展，集团院校与科研院所合作成立了8个教学实践与技术应用中心，先后为企业解决技术难题300余项，为企业创造经济利润达3000余万元。

[关键词] 校企合作；产业集群；集团化办学；资源建设

1 案例背景

《国家中长期教育改革与发展规划纲要（2010－2020年）》明确提出，支持示范性职业教育集团学校建设，促进职业教育优质资源开放共享。国务院《关于加快发展现代职业教育的决定》中指出，鼓励多元主体组建职业教育集团。研究制订院校、行业、企业、科研机构、社会组织等共同组建职业教育集团的支持政策，发挥职业教育集团在促进教育链和产业链有机融合中的重要作用。教育部等六部门编制的《现代职业教育体系建设规划（2014－2020年）》进一步要求完善现有职业教育集团的治理

结构、发展规划，逐步扩大各类职业院校参与率，到 2020 年基本覆盖所有职业院校，初步建成 300 个富有活力和引领作用的骨干职业教育集团。为贯彻落实上述文件精神，2015 年教育部又出台了《关于深入推进职业教育集团化办学的意见》，对完善集团化办学的实现形式、健全治理结构和运行机制、提升综合服务能力、强化保障机制等做出了规定。

职业教育集团化办学在我国发展至今已有 20 余年了。在这一背景下，2011 年辽宁省首家示范性职业教育集团——辽宁仪器仪表职业教育集团正式成立。辽宁仪器仪表职业教育集团由辽宁机电职业技术学院牵头组建，经辽宁省教育厅批准成立，现有 106 家成员单位。目前，该集团是由辽宁（丹东）仪器仪表产业园区管委会、中国仪器仪表学会等 5 家行业协会、6 家科研院所（含本科高校）、74 家骨干企业、9 所高职院校、11 所中职学校等组成的职业教育联合体。集团以仪器仪表类专业技术技能型人才培养为根本任务，为辽宁仪器仪表产业的集聚发展提供了人才支撑和智力保障。

2　案例内容

2.1　“政行校企”合作，创新办学体制机制

集团在校企合作办学体制机制的创新上进行了实质性的探索。由辽宁机电职业技术学院牵头，构建了丹东市政府“一元主导”，集团院校与仪表园区“双向联动”，校区建设与园区建设、技术中心与研发中心、校园文化与企业文化“三重融合”，政、行、校、企“四方共举”，院校办学定位与区域经济发展、专业设置与产业集群、课程内容与职业标准、教学过程与生产过程、中职教育与高职教育“五项对接”的校企合作体制机制。

2.1.1　成立仪表园校区，实现区校联动发展

由集团牵头，辽宁机电职业技术学院与丹东市政府紧密合作，实施“区校一体化建设”战略，在仪器仪表产业基地内建设完成仪表园校区。学校对接仪器仪表产业发展，重新规划和调整专业设置，形成了仪器仪表专业群、自动化技术专业群、电子信息专业群等，为基地企业提供了人力资源支撑。学校同产业园区合作成立了区校合作发展委员会，制订了区校合作发展委员会议事制度，搭建了“区校企”联动发展的决策议事平台，实现“区校企”联动发展。

2.1.2　“政行校企”合作，创建二级产业学院

集团在“政行校企”合作办学、创新体制机制上进行了实质性的探

索。2016年11月，由集团牵头，辽宁机电职业技术学院与成员单位丹东华孚集团、辽宁仪器仪表产业园区工业技术研究院合作成立了二级产业学院——华孚仪表学院。华孚仪表学院实行理事会管理模式，聘请仪器仪表行业专家等成立咨询委员会，由企业、学校、园区组成院务委员会，形成了企业投资、政府（产业园区）捐助、行业参与的二级产业学院建设模式。根据企业发展需要，校企双方共同实施教育教学，共同组建研究中心，共同开展人才互动，真正实现了产教融合、共同发展的目标。丹东华孚集团于2017—2019年每年为华孚仪表学院投资300万元，用于华孚仪表学院的实训室建设、研究中心建设、奖教奖学金等。截至目前，华孚集团已投资100万元用于智能检测与控制技术中心、智慧小区技术研发中心的建设。

2.1.3 “政行校企”互动，实现多方共赢

集团通过定期组织产教对话活动或研讨会，使集团成员之间沟通渠道畅通，集团成员之间的关系密切，集团由松散趋向紧密。集团在省教育厅和全国机械职业教育教学指导委员会的指导下，与江苏汇博机器人技术股份有限公司联合承办了“中国制造2025背景下工业机器人专业建设与人才需求”研讨会。集团发挥仪器仪表（行业）学会的纽带作用，行业、企业、学校合作，共同建立了面向企业技术人员、学校教师和学生共同参与的技能大赛机制，企业技术人员、学校教师和学生同场竞技，促进了行业、企业和学校的深层次合作，提升了仪器仪表行业技术技能型人才的培养水平。

2.2 “产学研用”结合，搭建社会服务平台

2.2.1 成立教学实践与技术应用中心，促进技术技能积累

由集团牵头，以学校兴科中小企业服务中心为窗口，与丹东市经信委、丹东市科技局、沈阳工业大学、哈尔滨工业大学威海分校等研发机构以及相关企业合作，建成自动化技术应用中心、智能检测与控制技术等8个技术应用中心。这些中心以“专业＋企业＋科研院所”为基本组织模式，以“专家＋工程师（技师）＋教师 ＋学生”为成员模式，以“技术服务＋产品研发＋教学实践”为运营模式，通过共同开展产品研发与技术服务项目，形成了以科研院所为引领，校企共同发展的长效机制。

2.2.2 成立工业技术研究院，提升社会服务能力

集团院校与丹东市政府、产业基地和科研院所合作，建立了辽宁仪器仪表产业基地工业技术研究院，建成仪器仪表产业基地科技信息中心、丹

东市“产学研”合作服务中心等4个公共技术服务中心；建成智能流量仪器仪表工程技术研究中心、射线仪器工程技术研究中心、智能电力仪表工程技术研究中心等7个专业研发机构。工业技术研究院充分发挥自身技术优势，为丹东市40多家中小微企业提供了技术服务、综合培训、管理咨询等方面的服务，技术服务到款额400余万元。由于集团社会服务能力方面的突出贡献，由集团牵头，辽宁机电职业技术学院作为辽宁省唯一一家高校，在2016年11月底，被辽宁省企业服务局、辽宁省中小企业联合会授予“辽宁省优秀服务机构”荣誉称号。

2.2.3 开通企业培训直通车，助力仪器仪表产业发展

由集团牵头，以学校为核心，联合集团骨干企业和学校，成立区域人才培训中心，打造面向集团企业的特色培训体系。一是以仪器仪表制造工、操作工等岗位技能训练为目标，开展面向一线员工的岗位技能培训；二是以仪器仪表行业新技术为目标，面向企业技术人员开展职业能力提升培训；三是把职业培训与学历教育相衔接，提升企业员工的职业发展能力和学历层次。集团把培训班开到了仪表园区基层企业，为仪器仪表产业发展提供人才技术支持。

2.3 中职高职衔接，推进院校协同发展

2.3.1 示范引领，创新中高职衔接办学模式

集团引入仪器仪表行业职业岗位标准，按照岗位统一、能力过渡、课程衔接的原则，建立中高职仪器仪表类专业教学标准和课程标准。推行“3＋2”（三年中职教育和两年高职教育）、“2＋3”（二年中职教育和三年高职教育）等中高职办学衔接模式，实现中职、高职办学对接。

2.3.2 协同培养，助推集团教师职业发展

要充分发挥设在集团单位的“全国重点建设职教师资培训基地”作用，由集团学校和企业合作建立“双师”素质教师培训基地，面向集团内中高职学校教师开展培训。目前，集团学校与江苏汇博机器人技术股份有限公司、丹东通博（电气）集团有限公司、丹东东发集团等10余家企业建立了“双师”素质教师培训基地，累计培训中高职骨干教师达1500余人次。依托集团“产学研”公共服务平台，企业工程师、技师与学校教师共同教研、科研与技术服务，建立企业技术人才和学校教师互兼互聘机制，打造“教师、技师、工程师”“三师”联动，“教育教学能力、生产实践能力、技术服务能力”“三能合一”的高水平教学团队。

2.4 多层多元合作，实现专业共建共享

2.4.1 对接仪器仪表产业发展，动态设置调整专业

集团围绕仪器仪表生产、检验鉴定与应用等岗位需求，统筹仪表类专业设置，建立设置和动态调整预警机制。集团通过定期召开专业建设指导委员会和校企合作委员会等方式，组织集团成员共商人才培养、课程体系与课程资源建设等专业建设内容。根据仪器仪表产业发展需求，在教育部高职专业目录外新增设了工业自动化仪表专业，重点建设了工业过程自动化技术、嵌入式技术应用等8个专业，提高了人才培养同产业发展需求的聚合度。

2.4.2 推行工学结合育人模式，丰富技能型人才培养内涵

集团设立了“招生与就业协调委员会”和“校企合作委员会”，建立了完善的校企合作管理制度、运行保障制度和激励机制，为校企共同培养人才建立“绿色通道”。一是专业建设层面的“前校后厂”模式，建立实习、实践与就业的“直通车”，实现了人才培养与企业需求、实习与生产、学习与就业“三个零距离对接”。二是课程层面的“学工交替”模式，探索“学徒制”的职业人才培养方式，实现了教学内容与工作任务、实训场所与生产车间、学生身份与员工身份、教学管理与企业管理的“四个统一”。三是“产学研联盟”模式，校企双方在人才培养、产品研发等方面深度合作，实现了学院与企业发展战略、学院专业教师与企业技术人员、学院教育资源与企业生产资源的“三个一体化”。四是“卓越技师”培养模式，以企业生产项目为教学载体，建立“卓越技师班”，探索形成了新的高端技能型人才的培养机制。五是“专业导师制”培养模式，以横、纵向科研课题为载体，专业教师带领学生共同参与，提升学生实践、科研能力。

2.4.3 搭建数字化学习平台，实现优质教育教学资源共享

集团围绕仪器仪表类核心岗位，启动建设了仪器仪表类数字化学习平台，该平台采用“资源＋平台＋管理”的一体化模式进行建设。教学资源平台采用“三三三”模式建设，即行业、企业与职业院校三方合作共建；专业层面、课程层面和素材层面三层级架构；集团内教师、集团内学生和集团内企业人员三通道共享。学习管理平台负责对各类学习者用户进行管理，通过设置用户权限、分配学习资源、记录学习过程、提供在线测试等功能，实现了学习者的自主学习，并为集团内教师、学生和企业员工的终身学习提供了平台和相应资源。数字化学习平台的建设实现了教学资源建

设从以教为主，转向以学为主，克服了教材形式的单一性，提高了其实用性，满足了现代学习者个性、自主性和实践性的要求，既充分发挥了教师的主导作用，又充分体现了学生的主体地位，创建了有利于大学生素质教育和创新能力培养的教学模式。

2.5　服务成长成才，拓展“双创”教育空间

2.5.1　组建创业孵化基地，拓展学生成长空间

集团围绕仪器仪表产业集群发展，通过辽宁仪器仪表产业园区、集团院校、仪器仪表骨干企业三方深度合作，在产业园区内建立了辽宁省大学生创业孵化基地、丹东市青年创新创业孵化基地以及国家级科技企业孵化器，其中辽宁省大学生创业孵化基地于 2017 年被辽宁省就业局评为“示范性孵化基地”。集团通过多方合作，着力打造了一个产业特色明显、配套功能较为完善、孵化水平较高的创新型创新创业孵化基地；通过多年实践，集团成员单位合作完成的“校企双赢模型下高职院校大学生自主创业孵化机制实践研究”荣获辽宁省教育教学成果二等奖。

2.5.2　成立创新创业学院，助力产业园区发展

集团联合辽宁（丹东）仪器仪表产业园区管委会、辽宁机电职业技术学院、辽宁精谷科技有限公司，合作成立了创新创业学院。目前，坐落在辽宁仪器仪表产业园区内的创新创业学院，总建筑面积为 12000 平方米，设立创业孵化中心、创新创业教育中心、创新与研发中心和创新实训中心。同时，创新创业学院引入了丹东高新技术创业服务中心（国家级科技企业孵化器）和丹东市电子商务平台，扩大了服务范围，增强了服务能力。

3　创新之处

集团依托混合所有制形式，创立了新型校企合作的模式，创建了校企合作二级产业学院。

校企“双主体”育人，通过学校教学过程与企业生产过程互融，实现人才培养与企业需求、实习与生产、学习与就业“三个零距离对接”；通过教学管理与企业管理互融，实现教学内容与工作任务、实训场所与生产车间、学生身份与员工身份、教学管理与企业管理的“四个统一”；通过教学环境与生产环境互融，实现学院与企业发展战略、学院专业教师与企业技术人员、学院教育资源与企业生产资源的“三个一体化”。

“政行校企”合作，成立丹东创新创业学院，建立国家级创新创业孵

化基地，实现教学实践与技术应用中心面向集团内全体学生共享。

4 取得成效

现在，辽宁仪器仪表职业教育集团以服务仪器仪表产业发展为己任，在办学体制机制、人才培养、中高职衔接、数字化资源建设、创新创业教育与孵化等方面进行了有效的成果，结合集团成员单位的实际需求，真正实现了资源共建、共享，示范、辐射带动作用逐步显现。作为辽宁省首家示范性职教集团，集团受邀先后在2013年教育部促进中高等职业教育协调发展会议、2016年全国职业教育集团化办学研讨会、2016年辽宁省高等教育学会学术年会上进行典型发言和经验介绍；撰写的《资源共享 合作共赢 集团化办学谱新篇》《集中集团优势 创新人才培养 实现辐射带动》案例分别收录在2015年和2016年《全国职业教育集团化办学典型案例汇编》中，并被《中国职业技术教育》杂志刊发；集团研究成果“职业院校依托职教集团创新人才培养模式的研究与实践”荣获辽宁省教育教学成果一等奖；与辽宁教育研究院合作开展的“辽宁仪器仪表职业教育集团现状调查与推进策略研究”课题成果入选《辽宁教育决策咨询研究（2013）》。

（执笔人：沈会超）

第二部分

人才培养模式改革篇

案例6

“双主体、双闭环、双融合”人才培养模式的研究与实践

[摘要] 人才培养模式和课程体系的改革是专业建设与发展的根本，是提高人才质量的关键。在“双主体、双闭环、双融合”的“三双”人才培养模式中，“双主体”强调了企业的主体地位，它以“多元协同、产教融合”的校企合作模式，有效调动了企业积极性；“双闭环”有效提高了人才培养总体质量和教学质量；“双融合”强调理论与实践、工作与学习的双重融合，实现了学校到岗位的“零距离”对接。实训室开展“四元融通、四维互补”的建设运行模式，有效调动了各方力量，协调发展，相互促进；人才培养过程以职业素质培养为主线，将职业素质培养贯穿整个教学过程中，按照学生的认知规律，开展“模块化”教学，培养了高素质技术技能型人才。

[关键词] 双主体；双闭环；双融合；一条主线；四级递进

1 案例背景

如何开展人才培养，如何实现培养目标等，这些问题是人才培养方案研究的关键。为了解决高职教育中普遍存在的人才培养质量和教学质量评价体制机制不够完善、校企合作不够紧密、工学结合不够深入等问题，工业过程自动化技术专业在省示范校重点专业建设中，提出了“双主体、双闭环、双融合”的“三双”人才培养模式，制订了“一条主线、四级递进”课程体系，并大胆实践，取得了可喜成绩。

2　“双主体、双闭环、双融合”的“三双”人才培养模式

高职教育离不开企业的合作，要调动企业的积极性，就要确立企业、学校的“双主体”地位，校企共同参与人才培养；校企共同开展毕业生质量反馈和课程考核工作，实现人才质量的“双闭环”串级控制；校企共同开发“以工作过程为导向”的项目化教学和企业现场教学，实施理论与实践融合、工作与学习融合的“双融合”教学模式（如图1所示）。

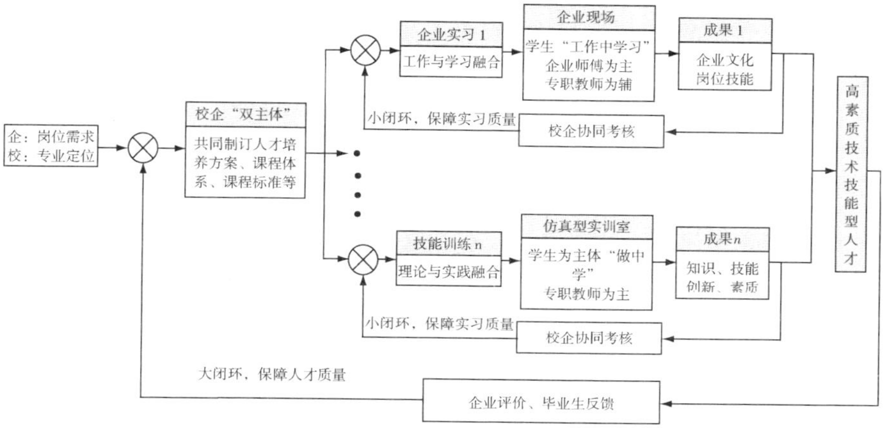

图1　“双主体、双闭环、双融合”的“三双”人才培养模式

2.1　确立校企合作双方“双主体”地位

采取校企“双主体”合作模式，突出了企业的主体地位，把为企业服务作为校企合作的核心目标，提高为企业技术服务的能力水平；根据企业岗位需求进行“订单”培养，为企业输送高素质技术技能型人才；根据企业生产的实际需求，“学随工动”，灵活安排生产实习，学生现场实习的同时，解决企业短期的人力需求等问题，充分调动企业的积极性，促使企业全程参与人才培养。

2.2　人才培养过程是个“双闭环”串级控制过程

学校深入企业调研，组织专业指导委员会研讨，明确岗位需求和专业定位。校企共同制订人才培养方案和课程体系，共同组织教学，实时监测、反馈毕业生质量，并与岗位能力需求进行比较，及时发现问题，不断改革和完善人才培养方案和课程体系，从而培养高素质技术技能型人才。这是一个大反馈、大闭环控制。

小闭环、小反馈，是指在每个教学环节中，都做到校企深度融合，共同开发实践项目，将学习与工作融为一体，在企业现场或实训室以工作过程为导向，开展“教学做一体化”的项目教学，使学生熟练掌握各项专业技能。在每个教学环节中要特别加强过程考核和终结考核，与预期能力目标进行比较，找出差距，分析原因，进一步改革课程，达到课程目标。这是一个不断改革、不断实践、不断提高的过程。我们通过这个小闭环、小反馈可以实现每个教学环节的目标。

总之，人才培养过程总体上是一个校企深度融合的大反馈、大闭环，每门课程又是每个校企共建课程、共同教学的小反馈、小闭环，而整个人才培养过程就是由许许多多的小闭环和一个大闭环构成的。大闭环中的课程体系建设和课程标准的制订给每个教学小闭环提出了目标。大闭环提出的目标要通过每个教学小闭环来实现，因此这种“双闭环”是个典型的串级控制。无论是在小闭环还是在大闭环中，校企深度融合都是关键，都需要校企双方共同制订人才培养方案，共同确定课程体系，共同开发课程，共同建设实训室，共同组织教学，共同完成考核评定，因此这种校企合作是深层次、全程化、“双闭环”式的。

2.3 实现理论与实践、工作与学习的“双融合”

学校设置检测技术及仪表、控制仪表与系统实训、集散控制系统实训等教学环节，在校内仿真型实训室开展理论与实践相融合的项目化教学，“教师做中教，学生做中学”，通过技能训练掌握理论知识，培养学生的创新能力和社会能力。根据人才培养目标，确定课程体系，设计认识实习、生产实习、顶岗实习等企业现场实习，让学生在企业师傅的指导下边工作边学习，实现工作与学习的融合。

3 人才培养模式改革的实践

3.1 “多元协同、产教融合”的校企合作

工业过程自动化技术专业有效利用地处仪器仪表产业基地的地理优势，加强校企合作，形成了“多元协同、产教融合”的校企合作体制机制。

3.1.1 依托辽宁仪器仪表职业教育集团构建了“政校企”紧密联盟

辽宁仪器仪表职业教育集团是由我校牵头组建的。成员单位包括辽宁仪器仪表产业基地管理部门、行业组织、仪器仪表骨干企业、中高职骨干

院校共59家单位，构建了“政校企”紧密联盟的职业教育联合体。多年来，在集团体制机制管理模式下，校企紧密融合，共同开展了校企合作体制机制建设工作，取得了突出成绩。

3.1.2　校企共建二级产业学院形成了校企“双主体”紧密合作模式

丹东华孚集团作为我市实力雄厚、管理规范、颇具影响的大型股份制企业，一向注重人才培养与内涵发展。为充分发挥各自优势，努力开展深层次校企合作，推进产教融合发展，校企双方达成了合作战略框架协议，组建了“校企协同创新联盟”，挂牌成立了“华孚仪表学院”。学院与企业以联合推动合作，以整合促进合作，以融合提升合作，连续两年60余名“订单班”学生在企业就业。企业成为学院进步的“助推器”，学院成为企业发展的“动力源”，真正实现了校企双方“互惠双赢，共同发展”。

3.1.3　与仪器仪表产业园区管委会共建了“智能检测与控制工程技术研究中心”

智能检测与控制工程技术研究中心是由辽宁机电职业技术学院、辽宁(丹东)仪器仪表基地工业研究院、哈尔滨工业大学威海分院共同建立的。该研究中心以提升仪器仪表工程技术应用能力为目标，集教学、师资培养、科研、技术服务、培训、技能大赛等综合功能于一体，功能完善，特色鲜明。到目前为止，以该研究中心为平台，组织培训了3期技师班，共培养了20名优秀毕业生，完成了技术服务项目20项，创收200余万元。

3.2　“四元融通、四维互补”创新实训基地建设

3.2.1　“四元融通”的实训基地构成

为了开展理论与实践融合、工作与学习融合的“双融合”教学模式，实现学习与就业的无缝对接，培养高素质技术技能型人才，充分调动各方优势，校企共同建成了由教学实训中心、企业生产车间、智能检测与控制工程技术研究中心、学生创新创业基地组成的“四元融通”实训基地。

3.2.2　“四维互补”的实训基地运行机制

基于“四元融通”的实训基地，工业过程自动化技术专业采用了“四维互补”的运行机制进行实践教学，培养学生的能力素质。校内实训基地为学生创新创业基地培养团队，为研究中心提供实践研究基地；研究中心为校内实训基地指导项目开发，为学生创新创业基地提供培训指导，为校外实训基地提供技术服务；校外实训基地为研究中心和学生创新创业基地提供试验基地，实现成果转化；学生创新创业基地为校内实训基地提供实训室管理服务，为研究中心提供人力支持；校内实训基地与校外实训基地

相互补充，相互协调，为广泛开展理论与实践融合、工作与学习融合的“双融合”项目化教学提供保障（如图 2 所示）。

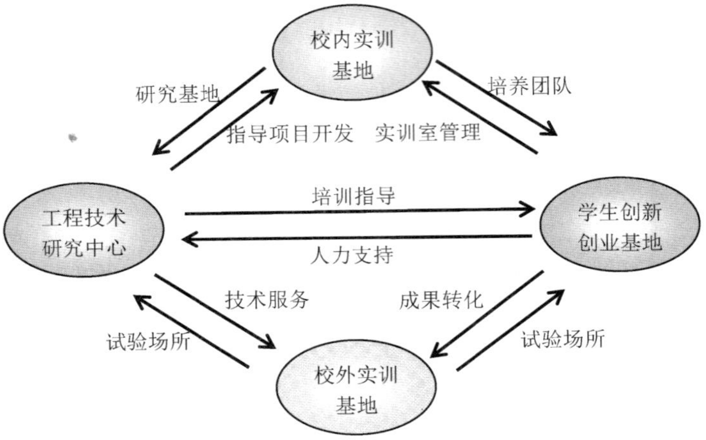

图 2　“四元融通、四维互补”的实训基地建设

3.2.3　“主体多元、多方协作”共建校内实训基地

本着建设主体多元化的原则，利用省财政支持及行业企业、学校自筹资金，采用整体采购或自主开发制作的方式，创建了集先进性、创新性、开放性、实用性为一体的生产性实训基地。

3.3　“三师联动、三能合一”的“双师型”师资队伍建设

要实施一体化教学，高素质的师资队伍是关键。近年来，我们建立、健全教师引进、聘任、培养、使用、提高的管理机制，保持教师队伍形成梯队、素质优良、结构合理，教师、技师、工程师“三师联动”，充分利用“国外、校外、校内”三个师资培训基地，加大教师综合素质的培养力度，促进教师教育教学能力、生产实践能力、技术服务能力的“三能合一”，建成了专兼结合、工（工程师）教（教师）结合为特色的、高水平的“双师结构”教师队伍。

“双师型”教师不仅具有极强的实践能力，能够像企业师傅带徒弟一样“手把手”地边做边教，而且他们具有先进的高职理念和极强的教学组织能力，能够抓住合适的时机，在合适的场景讲解理论知识，让学生会做，也知道为什么这么做。

3.4　开展源自企业的教学实践，实现学习与工作的深度融合

开展以工作过程为导向的一体化教学，教学设计是关键。要明确教学

目标，深入剖析企业的工作任务、工作情境和工作过程，根据学校的教学条件，合理设计学习任务、学习情境和学习过程。

3.5　素质培养贯穿人才培养全过程

增强就业竞争力是摆在我们面前的重要课题。企业在招聘人才时，除了关注职业技能水平外，更注重职业素质，他们认为，只要学生素质好，技能水平是可以在工作中培训提高的。因此，很多高职院校都开设了就业指导、人文素质、职业道德等课程。但是，单纯的理论教学收效甚微，职业素质教育应该贯穿整个学习过程。在教学过程中，教师要努力营造仿真的职业氛围，严格按照行业规范进行操作，按照企业的生产模式组织教学，按照企业的管理模式进行严格考核，还要组织丰富多彩的“第二课堂”活动、文体活动、企业实践等，这些活动可以作为课堂教学的延伸与拓展，全面培养学生的职业综合素质。

3.6　实施“模块化、小班型”实训教学

为了便于“学随工动”，灵活安排教学时间，开展项目化教学，我们将所有的专业课程都安排成了2—4周的“实训周”，在实训室或企业现场集中训练。教师在“做”中“教”，学生在“做”中“学”，改变了过去先理论再实训，理论与实践脱节的弊端。如果遇到设备不足或企业不便安排一个班级进行整体实习的情况，我们就将学生分成若干个“小班”，由教师或企业技术人员分班进行指导，再进行岗位互换，保证了实训效果。这种“模块化、小班型”实训教学安排方式实施多年，效果很好，在华孚仪表学院被广泛采用。

4　“双主体、双闭环、双融合”的“三双”人才培养模式的创新点

“双主体”强调了企业的主体地位，采取“多元协同、产教融合”的校企合作模式，有效调动了企业积极性。

“双闭环”有效提高了人才培养的总体质量和教学质量。

“双融合”有效实现了学校到岗位的“零距离”对接。

实训室“四元融通、四维互补”的建设运行模式，有效调动了各方力量，协调发展，相互促进。

5　人才培养模式改革成效

我们树立了“职业素质培养为主线”的办学理念，不断探索和改进人

才培养方案和课程体系，形成了适合工业过程自动化技术专业的“校企融合、素质提升”策略，并通过及时实践，总结出成功经验。我们培养出一批批职业素质高、技术过硬的优秀毕业生，每年毕业生满意就业率达到了91%以上。在近几年的职业技能大赛中，我们获得了国家级二等奖1项、三等奖4项；省级一等奖3项、二等奖3项、三等奖5项的优异成绩。

（执笔人：林锦实）

案例7

“全过程、全方位、全覆盖”个性化人才培养模式改革实践

［摘要］在示范校项目建设过程中，辽宁机电职业技术学院注重以培养具有创业基本素质和开创型个性的人才为目标，以培育在校学生的创业意识、创业精神、创新创业能力为主旨，积极探索分阶段、分层次地进行创新思维和创业能力培养的教学路径，初步形成了具有鲜明特色的基于个性化的“全过程、全方位、全覆盖”的系列人才培养模式。

［关键词］个性化；人才培养模式；创新创业

1　案例背景

为使学生个性发展，就要给每名学生提供最适合的教育，使他们的个性特长得到充分的发挥。个性化教育或个别化教育在国际上早已有之，不过成本过高，推进起来有一定困难。因此，如果在我国现有的条件进行个性化教育，这就是一个值得探讨的问题。能不能从改变统一的要求、统一的评价体系做起，给每名学生提供适合的教育呢？

《国家中长期教育改革和发展规划纲要（2010—2020年）》（以下简称《规划纲要》）提出：“关心每个学生，促进每个学生主动地、生动活泼地发展，尊重教育规律和学生身心发展规律，为每个学生提供适合的教育。”《规划纲要》还提出：“创新人才培养模式。适应国家和社会发展需要，遵循教育规律和人才成长规律，深化教育教学改革，创新教育教学方法，探索多种培养方式，形成各类人才辈出、拔尖创新人才不断涌现的局面。”《规划纲要》中还多处提到要因材施教，把全面发展与个性发展统一起来，这就为个性化教育提供了政策依据。

目前，我国高职教育正处于由规模建设到内涵建设的转型阶段，我们必须转变传统的人才培养观念，主动适应社会需求，以提高教学质量为核心，深化教育教学改革，创新人才培养模式，推进校企合作，完善质量保障体系，提高人才培养质量和办学水平。近年来，我们树立“每个人都是人才，每个人都可以成才”的教育理念，注重提高教育教学质量，强化高职教育特色，在总结高技能人才培养经验的基础上，紧密结合“全过程、全方位、全覆盖”宗旨，实施“专业社团”“卓越技师班”“专业导师制”“大学生创新实践中心”“企业技师班”“企业订单班”等个性化人才培养模式，取得了良好效果。

2 主要目标

传统教学过程更加注重规范和统一标准，同一个专业的学生全部采用一致的教学模式、教学手段、教学内容、教学方法、教学考核等，以期实现统一的人才培养标准，这种“模具化”人才培养模式从教育管理层面来看自然是有其较突出的积极意义，但是随着社会发展和进步，人的个性价值日益突出，特别是在大众创业、万众创新的时代，这种单纯的“模具化”人才培养模式已不能适应学生创新意识和能力的培养需求。

我们实施的个性化特色人才培养是探索在专业的统一教学标准规范下，针对学生的不同特点和个性化发展需求，实施有针对性的个性化培养，使学生获得一定的与本专业相关的创新意识和能力。

3 项目实施过程

3.1 关键词释义

个性化：个性化学习不是单个人学习，它是发挥每名学生的主体性、主动性，使每名学生都能主动、积极地投入学习中。

全过程：一年级、二年级、三年级。

全方位：课上与课下相结合，校内与校外相结合。

全覆盖：覆盖全部专业，面向全体学生。

3.2 实施步骤

一年级：专业社团

每个专业开设一个专业社团，社团宗旨是培养学生树立自主学习意识，适应自主学习方式，确立学习兴趣，逐步培养学生创新意识。社团采用业余时间开展活动，学生自主设计活动内容，由专业教师提供指导。活动设计原则注重知识性、趣味性、启发性、创新性。学年结束后，社团学生可自己设计、制作科技作品，参加由系里举办的大学生创新制作大赛。

图 1　学生在参加专业社团活动

二年级：卓越技师班、专业导师制、大学生创新实践中心

卓越技师班：重点从各专业社团中招收专业“卓越技师班”学员。“卓越技师班”采用学生自主报名结合指导教师选拔的方式来组建。每个专业组建一个“卓越技师班”。“卓越技师班”的宗旨是以专业技术应用能力为基础培养学生实践创新能力。“卓越技师班”的教学载体是各类技能大赛项目、科研项目、对外技术服务项目等，由指导教师带领学生从事训练和研究。“卓越技师班”采用课上与课下相结合的方式实施培养，学生专业教学计划中的实践课程可用“卓越技师班”的实践项目来替换。“卓越技师班”的实践项目可以是校内的项目也可以是企业现场项目。

图 2　学生在进行创新实践

专业导师制：以科研项目为载体，组织专业教师申报各类科研项目开展立项研究。由科研立项团队组建“导师班”，每个“导师班”可跨专业吸收 3—5 名学生，由指导教师带领学生共同开展科研项目研究。“导师班”全部利用学生业余时间来实施培养。

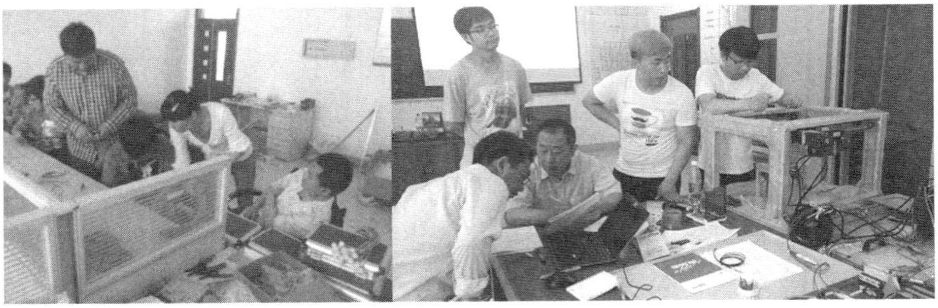

图 3　教师在指导学生实践

大学生创新实践中心：从各专业社团中招收“大学生创新实践中心”学员，由专业教师担任指导教师，中心活动内容由指导教师根据学生需求来组织设计。实践中心全天向学生开放，学生可在业余时间到实践中心内自主开展实践活动。学校为创新实践中心提供必要的设备和设施。“大学生创新实践中心”每年举办一届创新制作大赛，大赛获奖学生可获得 1，2 个学分，该学分可用于顶替学生专业选修课的学分。

图 4　学生在创新实践中心获得的荣誉

三年级：企业技师班、企业订单班

企业技师班：积极与企业合作，成立以企业命名的“技师班”，校企共同制订培养方案，实施校企联合培养。学生分时段、分批在学校和企业现场参加学习或生产实践，企业派专业技术人员与学院专业教师共同进行指导。“企业技师班”结束时，由校企共同考核，学生与企业双向选择，实现就业。

图 5　学生在进行顶岗实习

企业订单班：学校积极与企业合作，成立以企业命名的“订单班”。“订单班”采用“教师＋师傅”的形式实施“双导师”的校企联合培养模式。学校将学生送到企业工作岗位，采用“师傅带徒弟”的形式进行培养，同时学校“送”一些必要的专业课程教学到企业，使学生在企业现场既能学到岗位技能又能学到必要的专业知识，从而更好地达到工作岗位的能力要求。

图 6　学生在“企业订单班”学习

4　实施条件

要实施基于个性化的“全过程、全方位、全覆盖”的系列人才培养模式需要做好以下几方面的准备：一是建立一支由专业教师担任特色人才培养的指导团队，这支团队除具备较强的科研与实践能力之外，还需要具备较强的责任心；二是处理好特色人才培养课程的成绩（学分）与专业教学标准规定的课程成绩（学分）之间的关系；三是实施个性化人才培养需要一定的硬件投入（设备、场地、耗材、课时津贴等）；四是需要制订较规范的管理流程和一系列管理办法；五是基于个性化的“全过程、全方位、全覆盖”的系列人才培养模式不是一成不变的，需要不断地进行丰富和完善。

5 实施成果

我系通过实施特色人才培养模式改革，逐步建立并完善了特色人才培养教学体系和教学管理模式。连续三年的个性化特色培养，提高了学生的综合知识应用能力、实践操作能力以及创新能力，极大地提升了人才培养质量和就业竞争力。2017年，我系机电一体化技术“卓越技师班”学生参加了全国职业院校技能大赛“工业机器人技术应用”赛项，并获得辽宁省赛区第一名和全国二等奖的优异成绩。

我系通过实施特色人才培养模式改革，持续打造“三能合一”的专业教师队伍。以特色人才培养为平台，通过“以老带新”“以强带弱”的方式使中青年教师的执教能力、教科研水平以及工程实践能力得到了显著增强。近一年来，参加特色人才培养指导的专业教师成功申报3项专利，近10项课题横向与纵向教科研课题立项，承担对外技术服务项目4项。

我系通过实施特色人才培养模式改革，使学生的综合素质与专业技能得到很大提升，受到社会及用人单位的广泛好评，进一步提升了学校的影响力和美誉度。以2017年全国职业院校技能大赛为例，我系连续3届的“汇博技师班”毕业生在江苏汇博机器人技术股份有限公司就业，自同年3月起，这些毕业生连续多次承担多个省的工业机器人项目选拔赛的技术支持与裁判工作，很多参赛院校的师生正是通过他们认识了辽宁机电职业技术学院。在天津比赛期间与兄弟院校交流时，当得知我们来自辽宁机电职业技术学院时，他们纷纷表示通过我们在汇博的毕业生知道了我们学院，普遍认为我们毕业生的能力和素质很强。

6 体会与思考

我国高等教育正处于从规模扩张转向提高质量的关键时期。随着高校办学规模的扩大，学生群体出现多样化的趋势，学生的学习兴趣、学习能力、学习需求的差异日显突出。如何适应不同学生群体的需要，不仅是保证教育质量的关键，也是培养创新型人才的重要突破口。但是，在以往的教学改革中，我们偏重以单纯的专业实践能力为中心，对学生日益增长的多样化、个性化的学习需求考虑不足，这使得我们的教育缺少特色和个性，出现了所谓的“千校一面”“千人一面”的情况。要改变这种局面，就要改进教学方式方法，提倡探究性学习。学生可以在教师指导下，对课程标准规定的学习内容开展探究，培养学生发现问题、提出问题、分析问题、解决问题的能力。教学摒弃注入式教学，采用启发式教学，吸引学生积极参与教学。

我系从学生入学开始一直到毕业，针对不同阶段的学生，采用不同的载体，探索实施个性化的人才培养模式，全力打造“全过程、全方位、全覆盖”的人才培养模式。在个性化的人才培养模式实施过程中，学生学习的自主性有了很大的提高，激发了学生学习兴趣，培养了学生的创新实践能力，为日后步入工作岗位奠定了坚实基础。

“长风破浪会有时，直挂云帆济沧海。”我们探索实施的基于个性化的“全过程、全方位、全覆盖”的人才培养模式还需要在今后不断完善和规范。我们始终坚信，为每名学生提供适合的教育是尊重教育规律和学生身心发展规律；为每名学生提供适合的教育才是最公平的教育；为每名学生提供适合的教育是现代社会多元化人才结构的必然要求。

（执笔人：宁秋平）

案例8

对接就业订单培养，校企联动共育人才

[摘要] 专业建设离不开人才培养模式的改革与创新。本文针对模具设计与制造专业选择“以精准就业为导向的校企联动人才培养模式”中的“沈飞国际订单班”建设作为项目建设中的一个典型案例加以分析说明。

[关键词] 个性化；人才培养模式；订单班

1 案例背景

为充分发挥校企双方优势，给企业培养更多的高素质技术技能型人才，实现高等职业教育人才培养目标，沈飞国际商用飞机有限公司（以下简称“沈区国际”）和辽宁机电职业技术学院达成“订单班”培养协议，“订单班”命名为“沈飞国际订单班”，成员为2017届的毕业生，由材料工程系全面负责“订单班”的管理与教学组织。2016年11月7日，在20名学生的激昂宣誓声中，“沈飞国际订单班”正式开班，这标志着校企联动、精准就业的特色人才培养迈出了坚实的第一步。

2 案例实施

“沈飞国际订单班”是我院与沈飞国际签订就业协议后，为实现从学生到员工角色的顺利转换，达到岗位技能无缝对接的目标而开展的特色人才培养新模式的生动实践。校企双方携手合作，共同搭建桥梁，一改原有顶岗实习的无序状态，形成校企联动、齐抓共管的全新格局。这种以精准就业为导向的校企联动人才培养模式无论对沈飞国际还是机电学院，均为首次。为保障教育教学质量和人才培养质量，“订单班”实施如下四个建设举措。

2.1　精准就业，校企联动

“订单班”学生的就业岗位十分明确，就是对飞机蒙皮进行安装定位的铆装钳工。“订单班”学生的培养是校企双方共同参与，联动培养的，整个过程分为校内培训阶段和企业培训阶段。校内培训阶段的地点在学校，为期 2 个月，学校教师为主培，企业人员为辅培。企业培训阶段的地点在沈飞国际，为期 5 个月，企业人员为主培，学校教师为辅培。

2.2　独立成班，专人专管

构成“订单班”的学生来自不同专业，为保证教学顺利进行，统一指挥，步调一致，我们将这 20 名学生抽离原有专业班级，为他们提供专用教室，重新编排学号。指派专人为该班的班主任，校内培训期间主抓教学及管理，企业培训期间不定期现场检查。

图 1　开班典礼

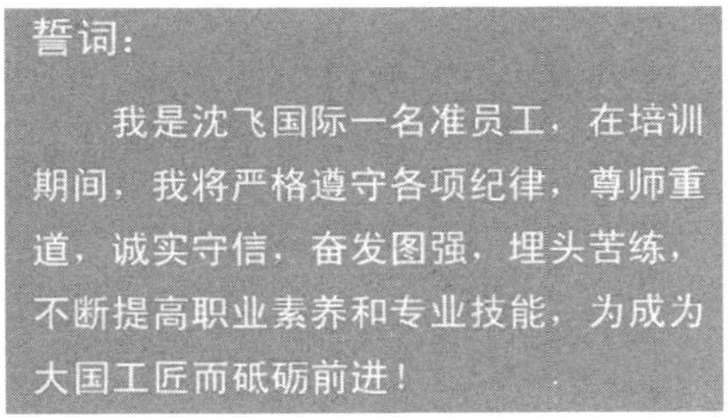

图 2　宣誓誓词

2.3　工匠精神，立德树人

开班典礼上“为成为大国工匠而砥砺前行”的准员工宣誓，激发学生苦练技能的信心和决心；“订单班”设置职业素养课程，深化学生对文明修养、职业操守的理解；“订单班”进行素质拓展活动，提升学生的集体意识和团队协作精神。

图 3　企业专家现场指导（1）

图 4　企业专家现场指导（2）

2.4 强化技能，持证准入

“订单班”加大技能训练的课时，按照铆钳中级工的职业标准严格要求，反复训练。为纠正动作，企业培训科科长专门来校指导了3天。“订单班”技能培训效果以是否获得“飞机铆装钳工国家职业资格证书”来检验，未能通过的要延期上岗。

图5 技能操作训练

图6 团队拓展训练

3 案例创新性

3.1 具有前瞻性

《国家中长期教育改革和发展规划纲要（2010—2020年）》指出：“以服务为宗旨，以就业为导向，推进教育教学改革。实行工学结合、校企合作、顶岗实习的人才培养模式。”“完善就业准入制度，执行‘先培训、后就业’‘先培训、后上岗’的规定。”

本案例的主要做法完全符合国家高职教育发展总体布局。以精准就业为导向，采用校企联动的人才培养模式，这也符合我省高职教育工作实际情况和我院的具体情况。本案例的工作过程是“完善就业准入制度”的体现，一丝不苟地执行了“先培训、后就业”“先培训、后上岗”的规定。可以说，本案例总体上做到了超前谋划，有所突破。

3.2 具有开创性

在此之前，我校已开办几个校企合作的“订单班”，但以“精准就业为导向的校企联动模式”尚属首次。与其他冠名“订单班”的不同主要有以下四点：一是精准就业，可实现培训与上岗无缝对接；二是联动培养，先校后企，校企共融，实现“双赢”；三是独立成班，专人专管；四是持证准入，将获取职业资格证书作为上岗的先决条件。

此案例具有较强的创造性和先进性，具有开拓性的意义和性质，而且是对“订单班”人才培养模式的新诠释、新发扬。

3.3　具有示范性

推进以服务为宗旨、以就业为导向的教育教学改革是国家对职业教育提出的要求。“沈飞国际订单班”这种以精准就业为导向的校企联动人才培养模式特色鲜明、思路创新，具有一定的表率性和标杆性。由于前期准备充分，中期工作开展扎实，阶段性成效显著，在全院乃至类似高职院校中具有一定的典型引领和示范带动作用。

4　实施效果

“沈飞国际订单班”是沈飞国际和我院开办的第一个“订单班”。“订单班”学生以装备制造类专业为主体，被选择的学生专业与企业生产性质有很大关系。本校是一所以工科专业为主体，机电类和仪器仪表类专业为特色，兼顾汽车、工商、信息和黄金珠宝专业的高职院校。拥有10个专业群，45个专业。只要有适合的合作企业，这些专业（群）均可以借鉴“沈飞国际订单班”的人才培养模式。

“沈飞国际订单班”自2016年11月7日正式开班，选择的开班日期是在学院大型招聘会之后，而且各专业学生的理论课程均已结束，并进入综合实践环节，这为独立成班创造条件，避免了与各专业常规教学的冲突。“订单班”学生通过准员工宣誓、学习职业素养课程和素质拓展活动，精神面貌焕然一新。在持证准入的明确目标推动下，学生体现出主人翁精神，勤学苦练，为成为大国工匠砥砺前行。

（执笔人：周宇明）

案例 9

供给侧改革培育英才，学徒制培养提升质量

［摘要］高等职业教育是高等教育的重要组成部分，是推动整个社会经济发展的重要因素。经济供给侧结构性改革给高等职业教育提出了更高要求，因此有必要对一直承担人才供给任务的高职教育进行供给侧改革。本文针对黄海汽车工程学院人才质量培养中存在的问题进行研究，剖析该学院校企合作典型案例，从构建高职教育体系结构、完善专业布局规划、深化课程体系建设、强化“双师型”教师队伍建设、推行现代信息化教学和创新人才培养模式等方面，进行高等职业教育供给侧改革实践研究。

［关键词］供给侧改革；高等职业教育；人才培养；实践研究

1 案例背景

2015 年 11 月 10 日，在中央财经领导小组第十一次会议上，习近平总书记首次提出了“供给侧改革”，指出“在适度扩大总需求的同时，着力加强供给侧结构性改革，着力提高供给体系质量和效率，增强经济持续增长动力”。所谓“供给侧改革”指从提高供给质量出发，用改革的方法来促进产业结构调整以扩大市场的有效供给，以期进一步提高社会生产力水平，更好地满足人民和社会的需要。高等职业教育作为高等教育的重要组成部分，是推动整个社会经济发展的重要因素。高等职业教育应紧密结合国家经济发展要求，通过创新人才培养模式，从而提高专业人才培养质量，大力推进高等职业教育人才培养质量的供给侧改革，为社会经济新时期下的发展提供优质的人才资源。

传统的职业教育过多注重“灌输式”教学，黑板上“生产”、教材中“经营”、作业里“强化”，最后导致学生不会说，不能说，人才质量达不

到社会的要求。高职院校作为技能人才的培养方，是素质教育和实践技能的“供给侧”，其供给的技能人才能否满足“需求侧”，即各类企事业单位的要求，是我国现代职业教育体系构建能否成功的关键所在。一边是企业大面积出现“技工荒”，一边是职业学校每年培养的毕业生看似不少，但能真正适应市场需求的数量远远不足，技能人才供需的结构性矛盾“呼喊”职业教育要进行供给侧改革。

2008年辽宁机电职业技术学院与辽宁省最大的汽车整车、车桥及零部件加工企业——辽宁曙光汽车集团合作创建了二级产业学院——黄海汽车工程学院（以下简称“汽车学院”）。汽车学院实行董事会领导下的院长负责制，由企业全额投资基础设施建设，学院负责运营管理。本文针对黄海汽车工程学院的典型案例进行分析，结合该学院人才质量培养中存在的问题与需求，从构建高职教育体系结构、完善专业布局规划、深化课程体系建设、强化“双师型”教师队伍建设、推行现代信息化教学和创新人才培养模式等方面，进行高等职业教育供给侧改革实践研究。

2　黄海汽车工程学院人才培养发展存在的问题

2.1　高等职业教育引领作用不太凸显

一是发展理念相对滞后。目前，辽宁省高职教育普遍存在重规模扩张、轻内涵提升，重技能培养、轻素养提升，重生源数量、轻学生质量等问题，从而导致职业院校培养的人才的综合素质与经济社会发展对人才的需求有较大的差距，脱节现象严重。二是人才培养模式相对落后。辽宁机电职业技术学院在人才培养模式上，大多数集中在传统的“工学结合”、校企合作、顶岗实习、“订单式”人才培养等方面，缺乏创新探索和改革，培养的人才质量已不能满足现代经济发展需求。

2.2　人才需求与专业设置动态调整机制尚未建立

高等职业教育专业设置必须以社会经济发展的人才需求为导向。人才市场调研预测对本专业制订课程标准至关重要，但受自身条件和信息资源的限制，其预测的质量和结果有一定的局限性，难以准确反映人才需求。目前，我院尚未完善人才需求预测信息共享平台，企业的人才需求未能得到较科学准确的统计、分析与反馈，无法根据经济发展、产业升级和技术进步的需要，及时、有效地调整和优化专业设置。

2.3 教育教学体系不健全，人才培养难以保障

一是专业人才培养目标未细化到具体教学环节中。目前，我院教师不太关注所教知识是否能真正应用到企业生产中，他们更关心的是教学目标是否实现。二是“双师型”师资队伍建设结构不合理，教师缺乏一定的素质与实践能力。对我院所有专任教师进行调查问卷，结果显示“双师型”教师的来源渠道有4个，其中高校毕业直接任教的为82%，来自科研机构的为3%，企业调入的为14%，从其他单位调入的为1%。由此可见，“双师型”教师的来源渠道大多数是从学校到学校，具有企业实践经历的不占多数，他们缺少动手能力，没有丰富的实践经验。仅有少部分教师来自企业、科研机构和其他相关单位。从科研机构、企业和其他相关单位引进高技能人才，是拓宽高职“双师型”教师渠道的关键。三是实训室建设和实训设备难以达到高素质、高技能人才培养目标的要求。目前，我院的实训室建设、实训条件及所需设备虽经过多年的不断发展，规模不断壮大，条件不断完善，但实训设备过时、更新速度慢、维护管理不到位、使用率低等现象依然存在。

2.4 人才培养质量评价机制不够完善

一是人才培养质量主体单一。人才培养质量只有学校这一个主体，企业参与很少，最终导致所评价的人才质量满足不了企业所需。二是评价内容较为单一。学校对人才培养质量的评价主要包括学生的就业率和对口率等，这种过分注重就业率的人才培养质量评价使得部分高职院校只热衷于做表面功夫，而不关心学生的就业质量和舒适性。三是缺乏必要的反馈机制。发展至今，汽车学院的教学存在着“重评价、轻反馈”的现象，不能将评价环节中所反映出来的问题反馈到人才培养教学环节中，脱节现象严重。

3 黄海汽车工程学院人才培养“供给侧”改革的方向与领域

3.1 加强学院专业体系建设，完善专业布局结构

目前，辽宁省经济正处于转型期，是“十三五”的关键时期，科技进步和社会发展必然会使我国出现许多新的产业，产生更多新型职业和就业岗位，传统专业发展越来越不能适应时代的变化。汽车学院的高职教育供给侧结构性改革必须要精准建设符合现代经济发展需求的各类专业，淘汰以往招生不好、就业不理想、企业不需要的专业，优化组合专业，积极推

进新型专业群建设。

完善学院专业布局结构主要从以下四个方面进行：一是服务国家重大发展战略，围绕区域优势主导产业、战略新兴产业，选择优质专业，对接职业标准和行业岗位工作标准，调整专业布局，实施重点建设；二是以校企合作为支撑，专业调研和课题研究为引导，对接区域经济和社会发展重大项目，优化专业组群布局；三是以企业和岗位技能需求为导向，整合现有专业资源，实施企业项目服务，提升专业群和企业需求的匹配度；四是专业建设应适应产业发展，“产学研”、校企资源在技术服务、教学团队、资源分享、专业结构和专业标准等方面须高度融合聚集。

3.2　建设适合学院现代高职教育的课程体系

建设适合学院现代高职教育的课程体系对高素质、高技能型人才的培养至关重要。目前，黄海汽车工程学院形成了一套符合学院人才培养的现代高职教育课程体系。

一是基础课与专业课间的相互融通和配合，强化学生文化素质、科学素养、综合职业能力等方面的培养，注重素质教育。

二是专业核心课程教学要贴近生产实际和技术要求，对接新标准、新规范、新工艺，贴近岗位实际工作过程，完善、调整课程结构，更新课程内容，深化课程改革，时刻紧贴岗位需求。

三是实施有效的实践性教学，推行专业认识实习、过程跟岗实习、毕业顶岗实习等实习形式，强化以育人为目标、以职业为导向的实习考核评价，加强围绕培养学生创新意识、创业能力实践活动的教学。

四是实践课程资源建设要立足于实践案例的“真度”，技术应用的“深度”，创新空间的“广度”，教学内容的“厚度”，软硬结合的“密度”，虚拟仿真的“效度”，学习过程的“乐度”，人才培养的“适度”，开发综合性实践教学的资源。

3.3　强化“双师型”教师队伍建设

教师始终是高职院校人才培养的关键，任何一种人才培养模式都需要教师直接或间接地进行参与。教师的专业素养和教学能力是实现高技能人才培养目标与保证高职教育质量的前提与基础，因此学校要不断加强教师队伍建设，在此过程中既要重视对教师专业素质、专业技能的建设，也要加强教师队伍人员结构的合理化建设。一方面，为了确保专业教师队伍的高素质、高水平，学校应通过组织专业教师定期到企业一线参加生产实践来提高专业教师理论联系实践的能力，进一步提升教师的专业素质和专业水平。另一方面，学校应当从企业中聘请一批专家和精通企业、行业工作流程的技术骨干及能工巧匠来做兼职教师。由于他们在生产第一线工作多年，积累了丰富的实践经验，真正可以让学生“不出学校门，尽知企业事”。兼职教师的存在不仅充实了教师队伍，更重要的是可调整和优化教师队伍结构，使其更具有合理性，从而有助于学校培养出适合社会所需要的人才。

3.4 推行“互联网+”现代信息化教学

现代信息化教学是现代职业教育体系建设的重要手段，能够推进信息化平台建设，加快数字化校园、数字化专业课程体系的建设。顺应“互联网+”的发展趋势，应用信息技术改造传统教学，彻底打破传统的教学模式，一所学校、一位教师、一间教室的传统教育将被“一张网”、*N* 个移动终端，*N* 个教学平台等“互联网+教育”的模式替代。远程教育、移动终端教育、微课、慕课、翻转课堂、手机课堂等现代信息化的线上与线下的有机结合将打破常规教学。开发虚拟仿真实训系统，以替代在现场实习安排困难或危险性高的实践操作；开发仿真教学软件，优化教学中难以理解的复杂结构和运动；推广教学过程与生产过程实时互动的远程教学；完善职业院校数字化建设标准，建立区域性职业教育数字资源共建共享联盟。

3.5 加强高职教育人才培养模式改革创新

3.5.1 创新实践，“3111 工学交替”人才培养机制

黄海汽车工程学院不断深化与辽宁曙光汽车集团股份有限公司的合作，充分利用企业优良的人力资源和先进设备优势，学习、借鉴国内外先进的职业教育经验，秉承“依托企业，紧贴行业，服务地方，面向全国”的办学理念，努力创新校企结合、“工学交替”的办学模式，探索出校企合作、“工学交替”的“3111”人才培养模式，即按照“3 学期（公共基础课程和专业群基础能力课程）+1 学期（生产实践）+1 学期（专业能力课程）+1 学期（顶岗实训）”的人才培养阶段，实现毕业生与企业无缝接轨，全面推进教育教学改革。该模式将能力培养分成四个阶段进行，即基本能力阶段、生产实践阶段、职业能力阶段和岗位实践能力阶段。

“3 学期”为基本能力培养阶段，主要是公共基础课程和专业群基础能力课程的学习，进行基本素质、基本知识和基本职业技能培养。“1 学期”为生产实践阶段，主要深入企业开展轮岗实训，使学生了解企业文

化，熟悉主要工艺流程，提高职业素质。学院聘请企业专家等作为兼职教师进行职业素质指导，为学生进入企业顶岗实训和就业做好准备。“1学期”为专业职业能力培养阶段，依据企业需要，按职业岗位群或专业群的要求，重点实施综合性课程，以提高学生专业岗位能力为主要目标，增强学生的岗位适应能力和进一步发展的能力。“1学期”为岗位技能培养阶段，主要开展顶岗实训，以提高职业岗位技能和岗位适应性为主要培养目标。

3.5.2　双主体、双身份的“现代学徒制”

目前，高职院校都在尝试“现代学徒制”，该制度有两个最显著的特点，即“双主体”和“双身份”。“双主体”是学校和企业共同育人；“双身份”是学生兼有学徒和学生两重身份。实岗育人是“现代学徒制”人才培养模式的核心，以企业为主，组织与实施培养方案，学校做好配合工作。

图1和图2分别为黄海汽车工程学院汽车制造与装配技术专业实施“现代学徒制”课程体系建设图和课程模块示意图。图3为“现代学徒制”基地建设的设计图。图4为汽车学院实行“现代学徒制”的教学现场。

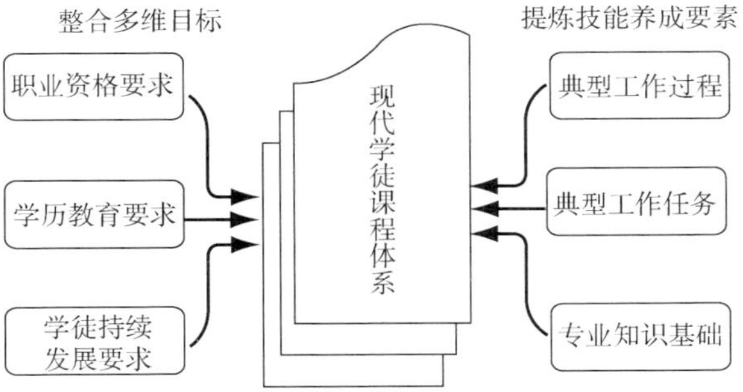

图1　“现代学徒制”课程体系建设图

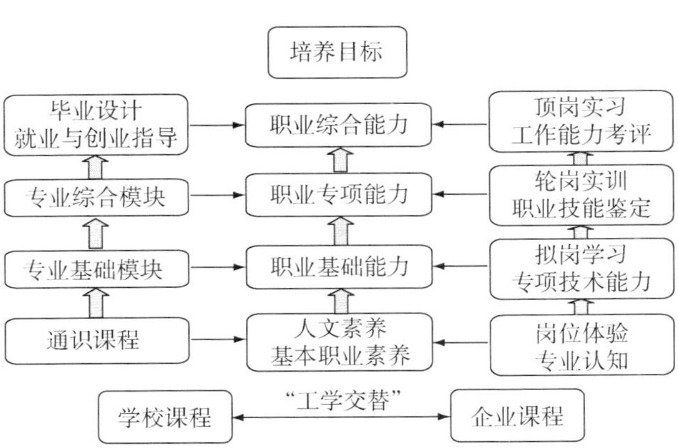

图2　“现代学徒制”课程模块示意图

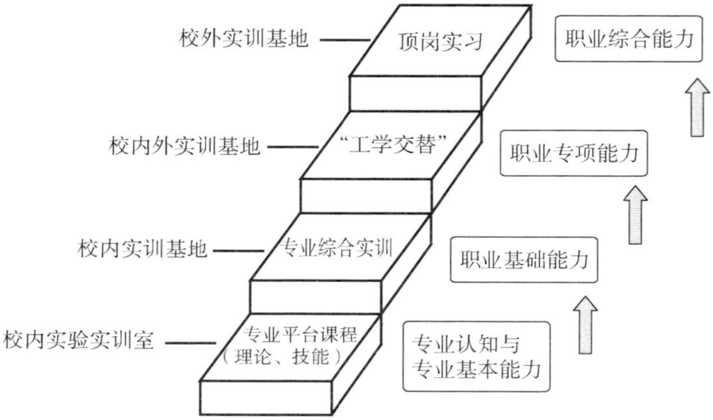

图 3 "现代学徒制"实训基地建设的设计图

图 4 "现代学徒制"的教学现场

3.5.3 搭建师资实践能力提升平台

校企合作便于选聘企业一线的能工巧匠、高级技师参与课程开发，结合企业工作岗位实际需要，同教师共同开发课程、教材等学习资源。校企合作能充分发挥企业的设备优势，由企业技术专家和能工巧匠指导实践性教学，参与教学工作和教学过程的实施，共同制订实习管理规程，共同进行实习成绩考核。校企合作也能不断健全教师引进、聘任、培养、使用、提高的管理机制，保持教师队伍形成梯队、素质优良、结构合理，教师、技师、工艺大师"三师联动"，促进教师教育教学能力、生产实践能力、技术服务能力的"三能合一"，建成以专兼结合、技（技师）教（教师）结合为特色的、高水平的"双师"素质与"双师"结构的专兼职教师队伍。

3.5.4 搭建"厂中校"式校外实训平台

学院与辽宁曙光汽车集团股份有限公司的深层次合作，为实施生产实践和顶岗实践提供了基础保证，可以根据教学的需要，有足够的岗位保证学生上岗实践、锻炼的机会。同时，学院、企业配备“双导师”，形成“教室与车间一体、教师与师傅一体、学生与员工一体、作业与作品一体”的产教一体实践教学模式（如图 5、图 6 所示）。

图 5　生产实践现场

图 6　认识实践现场

（执笔人：李贺伟 杨德明）

案例 10

校企互建互融，卓越人才培养显成效

［摘要］“校企关系”一直是职业教育发展的高频次话题，也是制约职业院校发展的关键性问题。高职院校作为学校职业教育的生力军，更加无法回避，只有充分利用自身资源优势，探索有特色的人才培养模式，促进校企深度融合，才是解决问题之道。2014 年 4 月以来，辽宁机电职业技术学院以省示范校建设为契机，组织涵盖学校专业教师、专职研究人员、行业企业技术人员的“跨界”研究团队，对“如何实现校企互融培养，推动人才培养模式改革”这一专题进行了多年的研究与实践，探索出具有学院特色、符合学院发展的“卓越技师班”“专业导师制”“创业孵化班”等卓越人才培养模式，并取得明显成效。

［关键词］校企互融；卓越技师班；专业导师制；创业孵化班

1　案例背景

1.1　从社会角度来看，国家的综合国力越来越取决于劳动者的素质，取决于各类人才的数量和质量

社会经济发展水平和国际社会的强竞争能力，需要培养大批具有创新意识和创新能力的人才。知识经济社会的创新已由一次性创新向持续创新发展，由个别创新向系列创新发展，由专家创新向全员创新发展。创新已经成为企业、技术人员和管理人员追求的目标，知识经济时代呼吁高校要加强创新人才的培养，要加强创新教育，而高职院校主要培养生产一线技术技能人才，更要强调学生技术创新能力和创业能力的培养。

1.2　从人才发展的需要来看，高职院校人才培养模式较单调，或重理论、轻实践，重书本、轻经验，重精英、轻大众，或重视加强技能训练，削弱必要的文化基础，仅满足于低层次的岗位竞争，仍然会出现大量失业或半失业的现象

高职院校应根据自身的教育定位和在高等教育中承担的教育任务，在人才培养计划中确保毕业生在技术方面的可持续发展能力的培养。高职院校学生的可持续发展能力，主要看学生运用所学知识，解决生产实际问题的能力，主要看毕业生在技术、工艺和管理方面的可持续发展能——而不是高职院校毕业生在理论研究、专升本等方面的可持续发展能力。提高高职院校毕业生的理论水平和学历层次，主要靠终身教育、继续教育来完成。要与这些教育观念相适应，要求高职院校教育应主要着眼于学生学会生存，学会学习，学会合作，学会发展，学会创造，培养学生自主学习的能力。

1.3　从高职院校的人才培养目标和人才培养应遵循的规律来看，高职院校的人才培养模式应为知识、能力和素质兼具的创新人才培养模式

实现人才培养与产业需求对接、校企深度融合共同开展人才培养、教学过程对接企业生产过程、课程内容与职业标准对接、增强人才培养的实用性和针对性、实现多层次能力目标和多梯次岗位对接、建立人人成才的培养途径成为高职院校推进人才培养模式改革的核心点。创新人才培养模式要求知识是基础，它是能力和素质的载体；能力是在掌握了一定知识的基础上经过培养训练和实践锻炼而形成的；素质从较宽泛的意义上来讲，包含着知识和能力，这里的素质也不是知识和能力的本身，而是知识和能力有效发展的前提。

1.4　学生是进行教育教学改革、创新人才培养模式的主体，依据调研的实际情况着手人才培养模式改革

实事求是，有的放矢，是寻求真正解决问题的根本之道。我们通过调研分析发现，学院学生主要呈现以下特点：受学校层次影响，自尊心很强，渴望好的就业条件；学习兴趣整体不高，情绪化学习较强，对感兴趣的内容学习很快；学习的自主性增强；学习途径多样化；职业定向性强；等等。基于以上调研结果开展人才培养模式改革工作，便于研究实践的深入和有针对性地制订创新人才培养方案。

2　卓越人才培养模式的理论构建

依据专业人才分类及卓越人才发展情况，可以把人才分为科学型人才、技术型人才、技能型人才。科学型人才：发现、探索自然规律以及事物之间的内在联系；技术型人才：从事技术设计、技术改造和技术革新；技能型人才（高技能人才）：从事作业线、单机及设备操作，把生产决策从组织和技术上落实到操作上，维护和改造生产设备、加工方法、加序和生产过程。技能型人才需要有生产、服务一线的工作经历。

作为职业院校，培养学生成为合格技能型人才的基本路径是通过参加职业技能培训，并通过职业技能鉴定，获得职业资格证书。还有一条路径是参加各级职业技能竞赛，如全国职业院校技能大赛。所谓卓越技师培养机制，是指通过实施“产学研”深度融合，以企业实际工作岗位或真实企业应用项目等为培养载体，构建人才培养方案，培养具备相当于高级技工或技师能力的高职人才培养机制。因此，实现培养技能型人才的目标，必须实施双证书教育，技能型人才的成长路径见图 1。

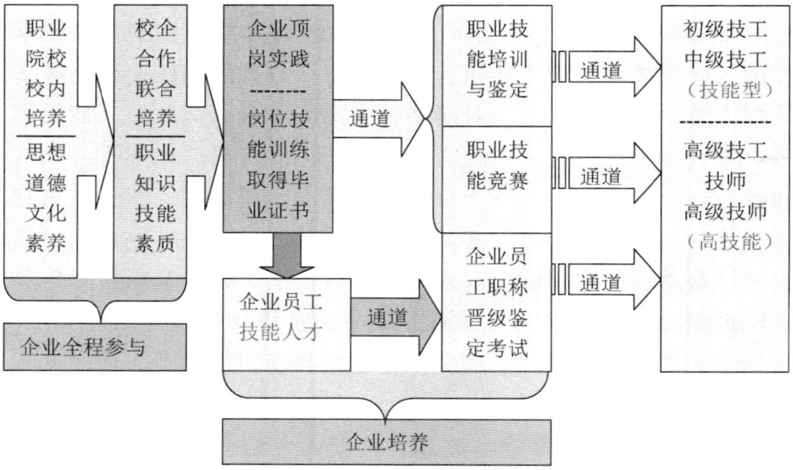

图 1　技能型人才的成长路径

3　卓越人才培养模式的组织实施

3.1　实施卓越人才培养的着力点

卓越人才培养应注重以学生为本，因材施教，个性培养。以“紧贴企业需求，融合工作过程和教学内容，强化技能和素质培养”为目标，探索高技能、高水平人才培养的新途径，并不断改革和创新。

3.1.1　加强职业道德教育和爱岗敬业精神的培养

所谓“德才兼备人才”，“德”是最重要的。“德”就是“职业道德和爱岗敬业”，这是用人单位在考核和录用毕业生最看重的素质，这是硬件。教学过程中针对行业特点不厌其烦地进行职业道德和爱岗敬业精神的教育，并在教学、生产和实训中对学生这方面的表现进行考核和评价，促使每名学生都具备良好的职业道德和敬业精神。

3.1.2　重构理论和实践课程体系

职业教育应当以素质教育为基础，以职业能力培养为主线，合理构建人才的知识、技能和素质结构或能力结构。课程内容的设计要体现针对性、适用性和开放性。针对性是指课程要和特定的职业岗位群或职业领域相衔接，课程源自工作岗位，服务于工作岗位；适用性是指课程要符合职业学校学生的认知规律和学习习惯，要有助于学生成才；开放性是指课程必须在行业指导下，校企合作共同开发、设计课程，并共同实施课程的教学。

3.1.3　准确定位教学过程

教学过程是由教师和学生共同参与的学习活动，教学过程设计的先进性是影响学习效果的关键因素。德国职业教育专家提出的“行动导向教学过程”是较为先进并被普遍接受的设计方法。行动导向的教学过程的基本思想是为了行动而学习，在行动中学习。和传统的教学过程不同，行动导向体现以学生为本位，通过行动调动学生的所有感官，完成知识的建构，提高学习效果。

3.1.4　改变评价方式

评价方式是衡量教学结果和学习成果的重要手段。职业院校的教学或学习评价方式，应当区别于普通教育，评价的目标应当侧重考核学生的能力，考核的方式应当注重过程考核，考核学生在完成特定职业教育活动中的表现。评价方式改革应当掌握两个基本原则：一是要以能力为本位，考核学生是否能达到培养目标的要求，也就是说，学生是否掌握了必要的知识、技能和素质；二是要通过加大过程考核的力度，调动和激发学生的学习热情和积极性，通过考核使学生从被动学习的状态中走出来，变成我要学习，我喜欢学习，我能在学习中找到乐趣。

3.2　卓越人才培养模式的实践

3.2.1　校企互动，专业群与企业共建“卓越技师班”

模式解析：“卓越技师班”是面向合作企业特定岗位，在签订订单的基础上，校企联合以学徒方式进行的培养模式。学院机械工程系以机械技工专业群为依托，与辽宁手表有限公司共建“手表技师班”。“手表技师班”的具体运行模式如下：在第 1—4 学期，学生在学校进行人文素养培养，并学习专业基础课，在此阶段，以核心岗位方案为指导；第 5 学期，以“工学交替”的形式培养学生，校内专业教师和企业技术人员共同制订卓越人才培养方案，共同指导学生进行技能实训，学校与企业交替进行；第 6 学期，由企业技术人员指导学生在企业完成相应的岗位工作内容（具体内容见图 2）。

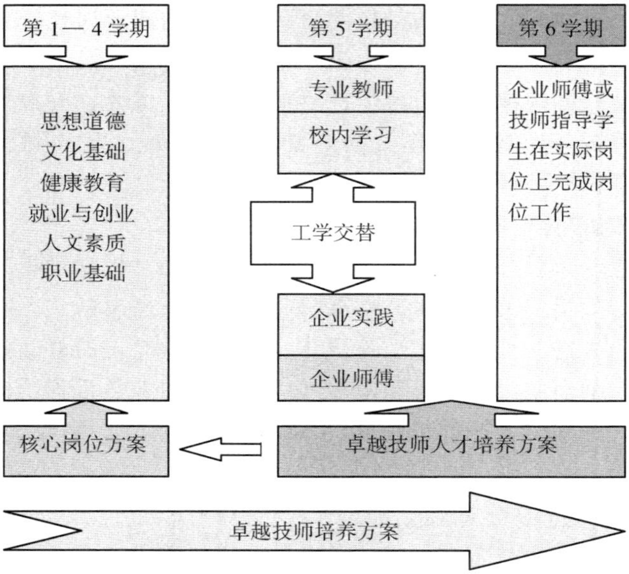

图 2　机械技工专业群与辽宁手表集团有限公司的“手表技师班”

3.2.2　校企合作，“专业导师制”培养模式

模式解析：借鉴普通本科高校研究生的培养模式，在高职院校中遴选“教学能力、生产实践能力、技术服务能力”突出的“三能”教师，以学院教学实践和技术应用中心为依托，以应用性技术服务项目为载体，选拔一定数量的优秀学生或有继续深造愿望的毕业生进行培养，将他们培养成能适应更好的职业岗位、具有更高素质的高端技能型职业人才。这种模式运行的形式如下：校企共同制订人才培养方案，以企业真实项目为载体，学校教师和企业技术人员担任学生导师，学生在导师的指导下完成项目任务（具体内容见图 3）。

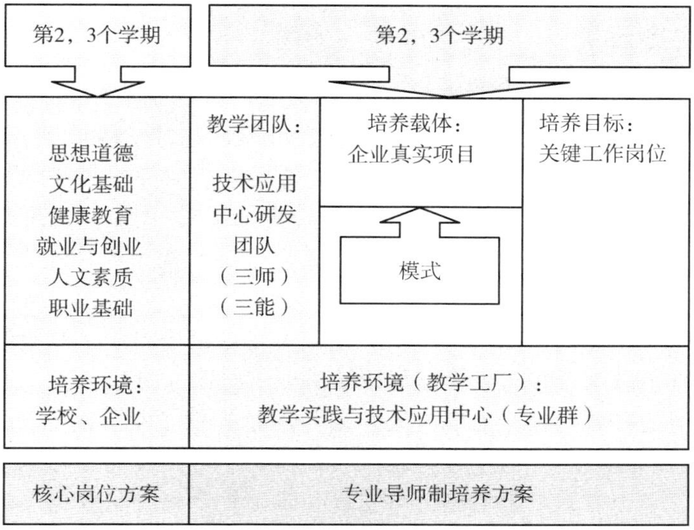

图 3　以教学实践与技术应用中心为载体的“专业导师制”人才培养模式

3.2.3　“工学交替”，设立创业孵化班

模式解析：职业院校中，创业教育是人才培养的重要内容，也是实现高质量就业的重要途径。学院技术应用中心建设，本身就是一种由学院教师和学生共同开展的创业项目，技术应用中心的成长为学生创业提供了可以借鉴的案例。同时，在技术应用中心，由教师带动学生孵化创业项目，为学生未来走向社会开展进一步的创业奠定必要的基础（具体内容见图 4）。

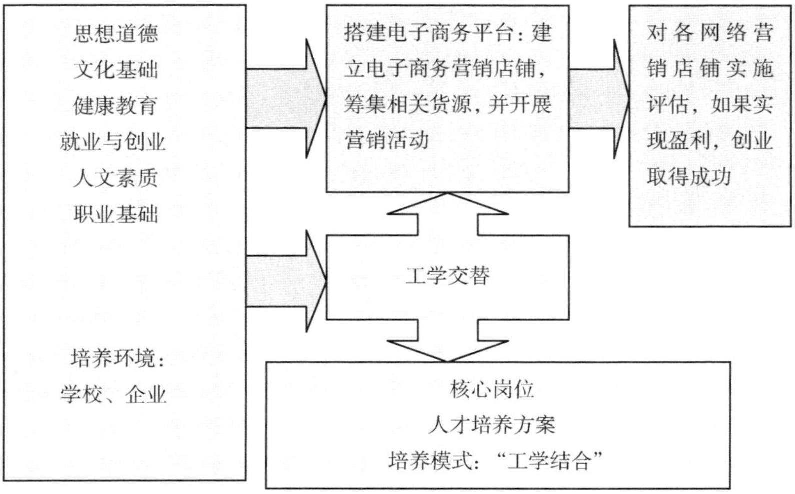

图 4　搭建平台，建设技术应用中心

4 实施效果

上述三种卓越人才培养模式的有效实施，得到企业的认同和深度参与。辽宁曙光汽车集团、辽宁手表有限公司等企业对学院调整人才培养、深化理论与实践一体化教学改革及毕业生能力素质的评价很高，并与学院深度合作，积极参与“卓越技师班”“专业导师制”“创业孵化班”创新人才培养模式。目前，这三种人才培养模式已经在学院 9 个专业群近 30 个专业推广。

综上所述，深入推进校企深度融合，实现专业与产业、专业课程内容与职业标准、教学过程与生产过程、学历证书与职业资格证书、职业教育与终身学习的有效对接，为解决人才培养问题提供了有效路径。“卓越技师班”“专业导师制”“创业孵化班”等卓越人才培养模式有力地推进了学院的教学改革，有效解决了理论与实践一体化教学和高职教育人才的个性化培养问题，促进了教学评价模式改革。

（执笔人：何　晶 刘文娟）

第三部分
课程体系建设篇

案例11

工作过程与教学过程“嫁接”，打造工匠型技能人才

［摘要］辽宁机电职业技术学院电子测量技术与仪器专业以“校企合作，工学结合”为载体，以“项目任务和工作流程”为引领，以“岗位需求和职业技能要求”为依据，对接电子测量技术与仪器企业岗位群，创新开展了“基于工作过程”的项目教学模式，充分地发挥了学生的主动性，使“人文素养、职业素质、职业能力”的培养符合高素质技术技能型人才要求，从而改善了学生的学习品质，提高了人才培养质量。

［关键词］个性化；人才培养模式；订单班

1　案例背景

教学模式改革是校企合作育人过程中的重要环节，是深化高职教育教学改革的重要课题。“十一五”以前，由于受思想观念、实践基地、实践设备等诸多因素的影响，大多高等职业技术学院注重理论教学，忽视实践教学，教学模式单一，尽管教师教得很卖力，学生听得很认真，但教学效果并不好。由于专业教学内容与岗位工作过程不一致，动手操作不多，学生的学习积极性和创新性调动不起来，职业技能不强，就业质量很差。课程开发如何满足以工作过程为导向，教学模式如何体现“能力本位、工学结合”的人才培养途径，已成为高等职业技术学院高素质技术技能型人才培养必须突破的瓶颈。因此，加强高职院校学生职业能力全面提高势在必行，校企深度融合推进教学模式改革创新尤为关键。

2　项目实施保障

2.1　基地建设

2007年开始，随着投入资金的增加，学院购买了大量的电子测量技术与仪器教学设备，实践条件不断完善。目前，电子测量技术与仪器实践教学基地主要有单片机应用项目实训室、可编程控制器应用实训室、电工电子项目实训室、电机控制项目实训室等，这为我们创新地开展“基于工作过程”的项目教学模式创造了良好的内部条件。在这一基础上，我们课题组注重二次开发，分析企业对电子测量技术与仪器职业能力要求，以职业能力提升为主线，运用专业基础能力、关键能力、综合应用能力和创新能力等，自己动手设计、安装、调试，建造了EDA项目实训室、电子仪器装调项目实训室和电子技能项目实训室等，完成了对旧设备的改造，建成了“融教学、培训、技能鉴定和技术研发功能于一体”的电子测量技术与仪器实践教学基地。

电子测量技术与仪器实践教学基地配备了大量新型电子测量仪器和智能仿真调试设备，新增了课题组成员大量二次开发的电子测量技术与仪器接口控制线路板，并配备了多媒体教学设施，可进行“基于工作过程”的项目教学。电子测量技术与仪器实践教学基地设备种类齐全，教学组织合理，能够保证1，2名学生为一组进行操作，学生有足够的、独立的动手机会。实践教学基地长期开放，并安排了专门的实践指导教师，指导学生进行创新性项目开发。学生还可以参与教师的科研课题，提高创新能力。课题组和电子测量技术与仪器企业合作编写了教材和实训指导书，并制作了项目教学的多媒体课件。为提高理论联系实际的能力，我们课题组到合作企业进行专业实践锻炼，了解自己所从事专业的生产、技术、工艺、设备的现状和发展趋势，为“基于工作过程”的项目教学模式的成功开展奠定了基础。

为满足校外实践教学需要，我们积极开拓校外实习基地，加强与企业的联系，校企深度融合，形成了“工学交替”人才培养模式。目前，已建立了10多个稳定的校外实践基地，如辽宁仪表研究所有限责任公司、丹东东方测控有限公司、丹东思凯电子发展有限责任公司、丹东热工仪厂等。学生在这些校外基地可进行认识实习、电子仪器工艺实训、电子仪器装调实训、顶岗实习，毕业后还可在这些企业就业。

2.2 师资建设

2.2.1 企业专家参与教学设计，教学人员深入企业现场，打造了一支“专兼结合”的教师队伍

由专业带头人、骨干教师、兼职教师组成专业教学团队，定期深入行业企业进行学习，并积极参加行业职业教育专业建设与改革活动。坚持教师下厂实践，坚持每年选派教师到电子测量技术与仪器企业学习新技术。以长期工作在现场一线的技术专家为主组成专业建设指导委员会，指导课程开发。企业专家提供企业人才需求、新技术、新工艺的信息，保证课程设置直接面向企业，面向学生的职业发展。

2.2.2 校企共建“三师联动，三能合一”的师资队伍

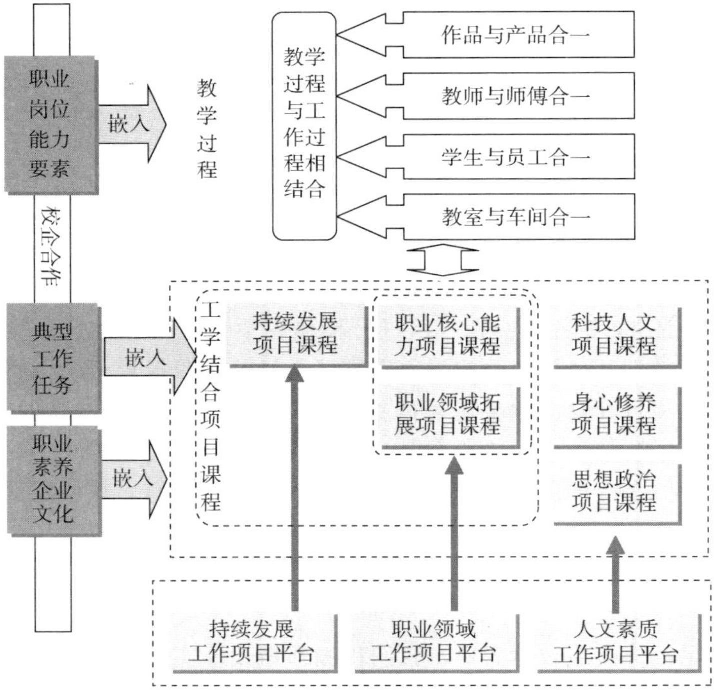

图1 “基于工作过程”的项目教学模式

本专业加强与企业兼职教师的深度合作，聘请在企业有一定的科研创新能力的高级工程技术人员直接参与专业建设、课程建设、教学改革与研究，并与专任教师共同承担“工学交替”的实践教学任务；加强兼职教师教育理念、教学方法、教学理论等方面的培训，不断提升兼职教师教育教

学能力；加大聘请行业企业的专业技术人才和能工巧匠到学校担任兼职教师工作的力度；建成一支由行业企业专家及能工巧匠组成的兼职教师队伍。本专业充分与电子测量技术与仪器企业合作，采用“走出去，请进来”的方式，聘请企业技术能手做专业兼职教师，鼓励专任教师下企业挂职锻炼，建设“校企一体，互聘共建”的师资队伍。

3　项目实施过程

我们以电子测量技术与仪器实践教学基地为平台，以电子测量技术与仪器行业岗位职业技能要求为项目内容，进行项目教学的实施探索。按照学生的认知能力和岗位技能，打破传统的以电子测量技术与仪器专业课结构理论为主线的教学模式，形成一个以项目为工作任务而组合起来的教学单元，使学生在制作中学习，在研制中学习，在完成生产工作项目中学习，带着问题学习，将理论知识学习、实践能力培养和综合素质提高紧密结合起来，即“做中学”。所有的项目均在校内外实训基地完成，实施“教、学、做”一体化模式。学生在完成工作项目过程中学习知识，训练技能，掌握技术，使课程教学真正体现工作性、实践性、应用性。“基于工作过程”项目教学模式实施过程（如图 2 所示）。

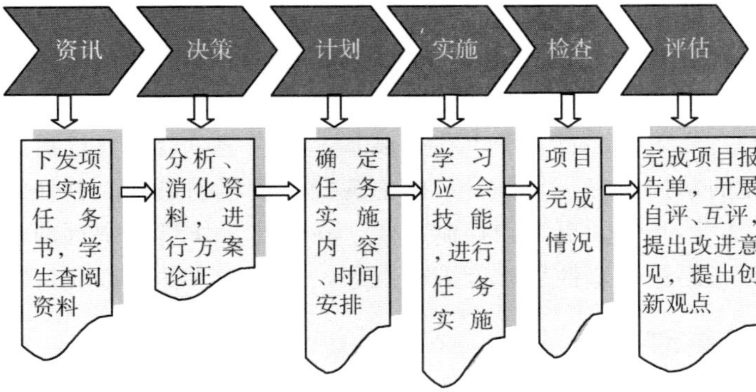

图 2　“基于工作过程”的项目教学模式实施示意图（1）

“基于工作过程”的项目教学模式，采用了“基于工作过程”的六步教学方法，即学生通过独立获取信息、独立分析任务、独立制订计划、独立实施计划、独立检查、独立评价的工作过程，在自己“动手”的实践中，掌握专业技能，构建属于自己的学习经验、工作经验和能力体系（如图 3 所示）。

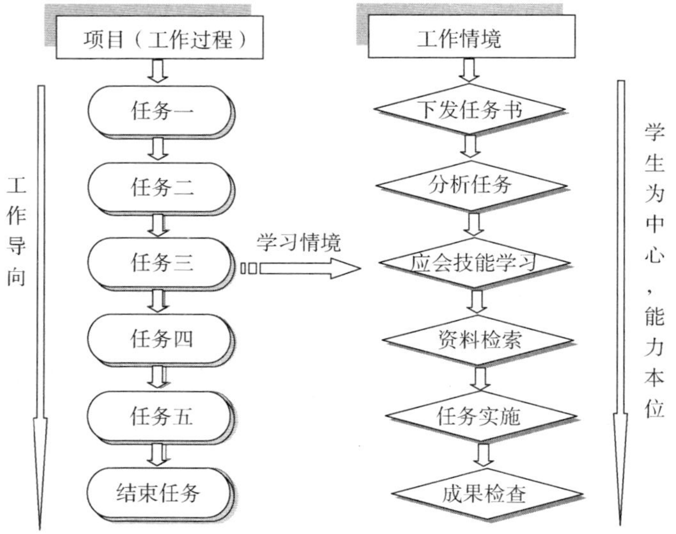

图3 “基于工作过程”的项目教学模式实施示意图（2）

3.1 情景设置

教师进行情景设置，依据学生当前的工作项目选择生产性的实训基地，使学习环境和工作环境相一致，提高学生实践能力。将课堂引入车间，把教学内容安排到企业车间进行现场教学，学生可认识，可讨论，可操作，同时完成工作项目。学生在完成基本项目学习后，自己可以根据对该项目技能的掌握情况，发挥自己的主观能动性和创造性，创新设计出更多的环节，完善和增加更多的控制功能，在生产工作过程中逐渐培养自己的创新能力，促进创造性思维能力的发展，为可持续发展打下基础。

3.2 操作示范

教师或企业指导教师演示工作项目并进行操作示范，为便于学生的能力迁移，在讲解和操作时要提示学生注意“举一反三”和获取新知识的途径。教师在讲解操作过程中，引入多媒体现代化教学手段，提高学生专业技能的获取量。教师通过微课、视频等信息技术，优化教学过程，提高教学效率。

3.3 独立探索

教师布置实际工作小项目让学生独立探索。在学生理解并消化了示范项目的基础上，教师可布置多种类型的实际工作项目，让学生独立思考并完成项目。

3.4　协作学习

为更好地发挥学生的主体作用，将学生分组，每组选一名项目组长，全面负责小组的学习讨论和项目的安排工作，并对各成员进行明确分工。学生按项目要求进行协作学习，围绕项目开展小组交流、讨论、操作，组员分工协作，调动每一名学生的学习积极性。

3.5　完成项目

在项目实施过程中，本着教学中学生处于主体地位，变被动学习为主动学习的思想，指导教师的作用是导向、督促、检查，重在培养学生自主创新地完成工作。资料查阅、方案构思、安装与制作、现场编程及调试等工作要由学生独立完成。学生在“做中学，学中做，做中练”，在完成工作项目过程中学习知识，培养素质，掌握技能。指导教师及时帮助并解决各小组在项目完成过程中出现的各类问题，保证各小组项目的顺利完成。

3.6　学习评价

采用多元评价法，即学校任课教师评价、企业师傅评价、学生小组互评，对职业素质、工作项目完成情况、工作质量等进行评价，最后综合评价学生的学习成绩。

4　项目创新特色

一是与企业深度融合，共同研究实施了“基于工作过程”的项目教学模式，开展了以实际职业工作为载体、以“真实学习情境”为依托的训练式教学模式，全面开展了“教、学、做”一体化的项目教学模式，加强了学生职业能力和职业素质的培养，使学生适应了岗位需求。

二是以校外实训基地为平台，教学工作安排到企业车间，学习环境变成了工作环境，在制作中学习，在研制中学习，在生产工作中学习，带着问题学习。将专业技能学习、实践能力培养和综合素质提高紧密结合起来，即“做中学”。

三是关注企业需求变化，补充职业工作内容，满足职业岗位需要。校企合作共同开发编写了“基于工作过程”的项目教学教材和实训指导书，按照电子测量技术与仪器行业职业技能标准来训练和考核，使学习和工作“零”距离，学生就业后能够很快胜任工作岗位。

四是校内实践教学基地教学设施、仪器设备和生产线均为模拟生产工作现场的实际情况而二次开发制作的，与电子测量技术与仪器专业的培养目标结合得更加紧密，针对性更强，构建了集证书考核、职业技能培养、企业工作项目完成于一体的校内电子测量技术与仪器实践教学基地，充分体现了真实的职业氛围。

五是已建成了课堂与车间相结合，校内实训与顶岗实习相结合，以岗位需要为考试、考核内容，“基于工作过程”的学习领域与工作领域相一致，学习过程与工作过程相一致，学习任务与工作任务相一致，职业素养、职业技能、“工学结合”“三位一体”的职业化教学模式。

5 案例成效

以校内外电子测量技术与仪器实践基地为平台，实施了“基于工作过程”的项目教学模式，按照电子测量技术与仪器行业标准规程进行训练并进行严格考核，提高了学生的实践操作技能，培养了学生综合应用知识的能力，使学生毕业后能够快速适应工作岗位。学生在学习实践过程中制作的“智能仪表”“打铃器”是极具代表性的。他们能够深入掌握电子测量技术与仪器项目设计、制作、调试等技能，制作且销售产品，并从中获得成就感，这有利于调动学生的积极性。学生通过“基于工作过程”的项目教学模式训练，可以快速提高技能水平，至今已经完成考核的有 3000 多人，中级合格率达到 100%，高级合格率也可以达到 98%以上，训练效果很好。

“基于工作过程”的项目教学模式，激发了学生学习的浓厚兴趣，充分调动了学生的积极性和主动性，学生的学习潜能得到了最大限度地挖掘，开拓精神和创新精神得到了极大的发挥，学习热情和钻研精神空前高涨，达成了很好的教学效果。

多年来，电子类、仪器仪表类、自动化类等专业的学生参与各种类型、各种难度层次的科技活动，不同年级、不同水平的学生都能找到适合自己的项目，他们共完成 100 多个教学项目。电子测量技术与仪器专业毕业生就业率非常高，可达 99%。接受过项目教学的学生，到工作单位后表现出较强的自学能力、开发能力、创新能力。他们严谨的工作作风、独立解决问题的能力、高超的专业技能、很强的项目开发能力，深受用人单位的认可。实践表明，“基于工作过程”的项目教学模式，真正调动了学生学习的主观能动性，得到了学生和用人单位的好评。

接受了“基于工作过程”的项目教学模式培养的学生曾在全国机器人足球锦标赛上荣获优胜奖和三等奖。2007 年，由我们课题组教师作为指导教师，由接受过“基于工作过程”的项目教学模式培养的学生组成的代表队参加了“全国大学生电子设计大赛”，并取得国家级一等奖 1 项，辽宁省特等奖 1 项、一等奖 2 项、二等奖和三等奖各 1 项的荣誉，而且我们是此次大赛唯一获得国家级一等奖的辽宁高校。同样由我们课题组教师作为指导教师，由接受过“基于工作过程”项目教学模式培养的学生组成的代表队，多次在全国职业院校技能大赛（高职组）机器人项目比赛中获奖。

（执笔人：王洪庆）

案例 12

“五个对接”构建一体化课程体系

[摘要] 工业过程自动化技术专业以国家职业标准为依据，以工作过程为导向，以综合职业能力为核心，进行了基本技能——专业中级技能——专业高级技能——综合能力“四级递进”式的一体化课程体系建设，实现了“五个对接”：建设“一体化”实训基地，实现学习与工作的环境对接；培养“双师型”师资队伍，实现教师与师傅的能力对接；开展源自企业的教学实践，实现学习与工作的任务对接；按岗位规范进行操作训练，实现学生与员工的角色对接；按企业模式进行考核管理，实现学校与企业的管理对接。在教学模式上，采取了“学随工动”、模块化、小班型的项目化教学。

[关键词] 五个对接；一体化课程体系；四级递进；模块化

1　案例背景

一体化课程体系就是以综合职业能力培养为目标，以工作过程为导向，开展“理实一体、工学一体、学做一体”的模块化教学实践，让学生在真实的工作情境下，边工作边学习的课程体系。

为适应辽宁经济的发展需求，为地区经济服务，我校在进行示范校建设的过程中，把工业过程自动化技术专业作为重点建设专业，开展以工作过程为导向的一体化教学，培养了一大批能从事工业仪表及控制系统安装、调试、运行、维护、维修等工作的高素质技术技能型人才。但在教学过程中，也存在教学内容与岗位需求契合度不高，教师的指导不够专业，教学考核管理与企业不匹配，对学生职业素养和行为习惯的培养不够重视等问题。针对这些问题，我们努力做到了“五个对接”，即建设“一体化”

实训基地，实现学习与工作的环境对接；培养“双师型”师资队伍，实现教师与师傅的能力对接；开展源自企业的教学实践，实现学习与工作的任务对接；按岗位规范进行操作训练，实现学生与员工的角色对接；按企业模式进行考核管理，实现学校与企业的管理对接。“五个对接”较好地解决了改革实践中存在的问题，为实现一体化课程体系改革目标提供了现实路径。

2 一体化课程体系的构建过程

贯彻“五个对接”，构建以工作过程为导向，基本技能——专业中级技能——专业高级技能——综合能力“四级递进”式的一体化课程体系，一共经历了三个阶段。

第一阶段，深入仪器仪表行业企业，调查人才需求，分析企业的工作流程、部门和岗位设置情况，明确了专业定位，将仪表维修工、系统运行工、系统维修工、仪表销售员等确定为主要的就业岗位。深入调查研究这些岗位的主要工作任务、具体工作过程和核心职业能力，确认职业行动领域，提炼典型工作任务，确定了“四级递进”的培养路线：基本技能模块，培养电工电子技术应用技能；专业中级技能模块衔接“化工仪表维修工”中级工证，培养仪表安装、使用、维护、维修技能；专业高级技能模块衔接“化工仪表维修工”高级工证，培养控制系统安装、调试、运行、维护、维修技能；综合能力训练模块，让学生以企业员工的身份，到企业进行顶岗实习，提高专业综合应用能力。

第二阶段，研究四个技能模块对应的企业工作过程，建设与之相适应的一体化实训室，设计相应的学习情境，尽量打破传统学科式教学模式，设计成理论与实践一体化的综合性训练。工业过程自动化技术专业在深入剖析岗位工作过程的基础上，根据实训室及校企合作企业的实训条件，设置了 16 个理论与实践一体化的课程，完全按照企业的工作过程对学生进行技能训练，并利用业余时间开展“化工仪表维修工”中、高级职业技能训练和考核。具体的课程体系结构如图 1 所示。

第三阶段，根据每个“理实一体化”课程的教学目标，与企业技术人员共同研究，以来自企业的真实项目作为教学内容，以项目为载体，以工作过程为导向，以能力为目标，以学生为主体，以素质为基础，设计“教、学、做”一体化的教学过程，凸显实践性、开放性、职业性。学生通过实际动手操作，熟练新技能，汲取新知识，掌握新方法，适应新角色，提升核心竞争力。

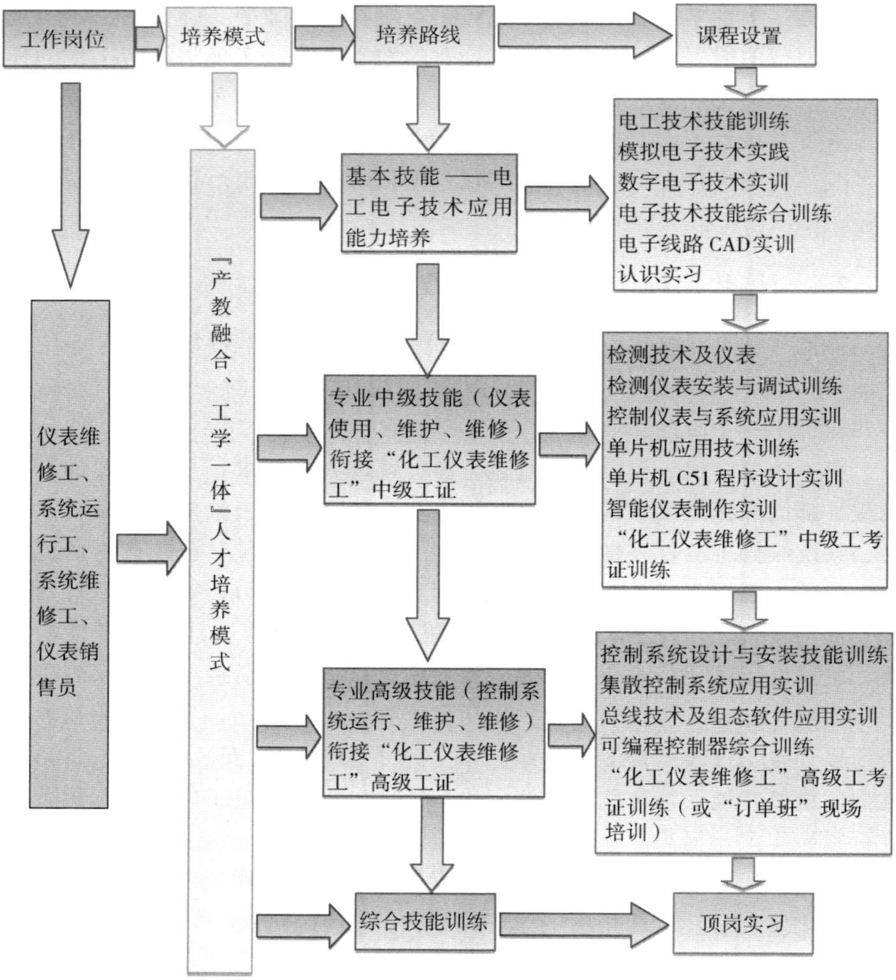

图1　课程体系结构

3　一体化课程体系的改革实践

3.1　建设一体化实训基地，实现学习与工作的环境对接

要实施一体化的教学，必须有一体化的教学环境做基础。首先，加强与企业的合作，形成校企“双赢”的合作体制机制，使企业愿意接纳我们的学生边工作，边学习。其次，改造和新建一体化教室，设置教学讨论区、实训操作区、工具存放区和产品展示区等，完全仿照实际的工作场

景，实现学习环境与企业工作环境的对接，为开展“教、学、做”一体化教学提供保障。

3.2 培养“双师型”师资队伍，实现教师与师傅的能力对接

要实施一体化教学，高素质的师资队伍是关键。近几年，我们建立、健全教师引进、聘任、培养、使用、提高的管理机制，保持教师队伍形成梯队、素质优良、结构合理，教师、技师、工程师“三师联动”，充分利用“国外、校外、校内”三个师资培训基地，加大教师综合素质的培养力度，促进教师教育教学能力、生产实践能力、技术服务能力的“三能合一”，建成了“专兼结合”“工（工程师）教（教师）结合”为特色的、高水平的“双师结构”教师队伍。

“双师型”教师不仅具有极强的实践能力，能够像企业师傅带徒弟一样“手把手”地边做边教，而且具有先进的高职理念和极强的教学组织能力，能够抓住合适的时机，在合适的场景讲解理论知识，让学生会做，也知道为什么这么做。

3.3 开展源自企业的教学实践，实现学习与工作的任务对接

开展以工作过程为导向的一体化教学，教学设计是关键。在明确教学目标的基础上，深入剖析企业的工作任务、工作情境和工作过程，根据学校的教学条件，合理设计学习任务、学习情境和学习过程。例如，我们在“控制仪表与系统应用实训”教学中开展了热电偶温度变送器调试、EJA差压变送器调试、单回路水位控制系统运行调试等8个真实的项目训练；在“智能仪表制作实训”中，与丹东思凯电子有限公司合作，完成了智能水表的制作和检定，形成了“教学产品”。这样，就将企业的实际工作任务转化成为学习任务。开展以工作过程为导向的项目化教学，实现了教学过程与工作过程的紧密对接。

为保证一体化教学的顺利进行，保证教学质量，针对每一个项目训练，我们都按照以下8个环节进行了科学合理的设计分析，设计了每个环节的教学内容、教学方法、教学手段和学生活动。

告知——明确教学目标和教学任务。

引入——教师介绍企业现场的实例，引入新任务，让学生明确通过这个项目训练可以具备解决哪种实际任务的能力，产生“我要学”的想法。

演练——教师利用动画、微课、视频等先进的教学手段或现场演示的方法，介绍操作规范，强调注意事项，指导学生设计操作步骤，并进行规

范的操作训练，完成任务。

归纳——组织学生讨论，归纳完成项目需要的技能和相关知识点，剖析难点，帮助学生深入理解知识，掌握技能。

训练、巩固、拓展、检验——给出与“演练”环节同类型的不同任务，学生熟练操作，教师加强考核和细节上的指导。然后教师给出更高难度的拓展性任务，学生分小组讨论，确定方案，完成任务，以此培养学生的创新能力、自主学习能力和团结协作能力。

总结——项目完成后组织学生讨论，归纳知识点、操作关键点和难点等，巩固知识技能。

作业——布置任务，引导学生利用网络收集资料，自主学习新知识，总结和创新。

后记——课后教师认真梳理教学过程，分析教学内容、教学手段、教学组织的合理性，总结成功经验，发现不足，提出改进措施，不断提高教学水平。

3.4 按岗位规范进行操作训练，实现学生与员工的角色对接

在以工作过程为导向的一体化教学中，紧密衔接“化工仪表维修工”中、高级技能证书制度，严格按照企业的规范进行操作训练。例如，在“控制仪表与系统应用实训”中，让学生戴上员工卡，教师以企业工程师的身份指导学生严格按照行业企业规范，进行通电、参数设置、手动自动切换、记录曲线、测试数据等操作，再填写与企业现场统一的数据报表，进行数据处理、分析，最后得出结论。学生通过这种规范的训练，不仅掌握了操作技能，提高了分析问题、解决问题的能力，而且养成了严谨的工作作风，逐渐完成了由学生到员工的角色转换。

另外，我们还根据企业需求，安排灵活多样的阶段性生产体验，组织学生到企业参与生产，接受企业管理，帮助企业完成紧急订单，在工作中学习，真正实现了“学工一体”。从2008年开始，我们就与大连华录·松下电子有限公司、丹东通博电器有限公司等企业多次开展了这种形式的深度校企合作。学生通过这种“生产性实训”，深入掌握了电子产品生产工艺，了解了企业文化，还获得了一定的劳动报酬，体验了工作的辛苦和收获的喜悦。这种实训既是对学生实践技能的检验性训练，也是对学生的职业素养和行为习惯进行培养，效果显著。企业通过这种深层次的校企合作实训，进一步了解了学生素质，连续多年接收了大批毕业生。目前，这种实训模式已经拓展到丹东东发集团、丹东耐能仪表有限公司等企业，大大

提高了实训效果，有效提高了学生就业率，进一步完成了学生与员工的角色对接。

3.5　按照企业模式进行考核管理，实现学校与企业的管理对接

在实践过程中，按照企业模式进行签到、佩戴员工卡等管理，严格按照企业质量标准进行考核管理。以工作过程为导向的一体化教学，要弱化终结考试，强化过程考试，要从知识、技能、综合职业能力三个方面进行全面考核，要开展个人、团队（小组）、教师的三方评价，有产品性质的项目教学或顶岗实习，还要有企业的评价。

在第五学期末，学校联系大批企业开展“人才双选会”，学生与企业签订劳动合同，成为企业的实习工人，在师傅的带领下进行顶岗实习，接受企业的考核和管理。在此期间，学校专职教师经常到现场了解学生工作情况，收集企业的反馈意见，发现学生在专业能力和社会交流上存在的问题，及时指导，并与企业共同考核和管理。顶岗实习可以让学生提前进入企业，边工作边学习，学为所用，能够充分调动学生的工作热情和学习热情，培养责任心，让学生切身感受企业文化，尽早胜任岗位，适应社会。

3.6　“学随工动”，灵活调整教学进程

对于工业过程自动化技术专业的学生来说，现场仪表的安装、维护、维修能力是关键能力。为了培养这些能力，我们建设了仿真型的实训室，严格按照国家行业标准进行项目训练，并与职业技能证书制度衔接，组织职业技能考试，最大限度地实现了学习环境与工作环境的对接。但是，由于学校资金、场地的限制，不可能做到学习环境与工作环境的完全统一。企业每年的10月都有一次设备全面检修工作，大约需要3周时间。在这期间企业停工，并将所有设备进行清洗、除尘保养，所有现场仪表都要拆卸下来，拿到计控室进行维修检定，写出检定报告，再进行现场安装，运行生产线，调整控制参数，保证控制质量。我们利用这一机会，根据企业的大修期对教学进程做出调整，“学随工动”，先组织学生在校内的仿真实训室进行仪表安装维护技能训练，再根据企业需求安排部分优秀学生到企业现场，协助企业师傅工作，实施“学徒制”培养模式。这种校企合作模式，为企业解决了大修期间人力不足的困难，也为学生创造了边工作边学习的机会，真正实现了校企“双赢”，有效调动了企业的积极性，提高了实训质量。

3.7 实施“模块化、小班型”实训教学

为了便于开展企业的实际项目训练，我们根据合作企业的生产周期，灵活安排教学，将所有的专业课程都安排成了2—4周的实训周，在实训室或者企业现场集中训练，教师在“做”中“教”，学生在“做”中“学”，解决了过去先理论再实训，理论与实践相互脱节的问题。如果遇到设备不足或企业不便安排一个班级整体实习的情况，我们就将学生分成若干个“小班”，由教师和企业技术人员分别进行指导，再进行岗位互换，保证了实训效果。

4 主要成效和经验启示

实施一体化课程体系，实现“五个对接”，将知识学习、技能训练、素质培养融为一体，将学习与工作融为一体，将校园文化与企业文化融为一体，实现了学生从学校到企业的完美过渡。

工业过程自动化技术专业通过长期的课程体系研究与实践，建立了以国家职业标准为依据、以工作过程为导向、以综合职业能力为核心的一体化课程体系，为职业教育教学的改革创新发展积累了宝贵的经验。总结一体化课程体系成功的经验和启示，主要有以下五点。

一是与行业企业紧密合作，引入企业实际工作任务，让学生感觉到“有用”。

二是开发工作任务从学生兴趣、调动学生学习积极性入手，让学生感觉到“有趣”。

三是实施一体化课程体系必须有一体化的实训基地和合作企业做基础。

四是教师是设计、组织一体化教学的关键，必须要深入企业，熟悉企业的工作任务、工作过程、工作标准。教师不仅要有扎实的理论基础和极强的实践能力，更要有管理和组织一体化教学的能力，要转变观念，成为教学过程的策划人、引导者、监督员。

五是一体化课程体系建设是一个长期、艰难的系统工程，一定要调动团队的力量，坚持不懈，不断实践，不断改善，不断提高。

（执笔人：林锦实）

案例13

企业项目提升教学“精度”，“学做合一”降低培养“公差”

——以“公差配合与技术测量”课程改革为例

[摘要]“公差配合与技术测量”是高职院校机械类专业的一门重要专业基础课程，它在整个人才培养体系中起到承上启下的作用。根据其课程特点及教学现状，依据示范校课程模式改革要求，我们在教学过程中注重职业能力培养，坚持以学生为主体，教师为主导，实现学生“做中学”，教师“做中教”，充分利用多媒体课件及信息化教学资源，组织课程内容，构建教学模式，总结经验启示。

[关键词] 职业能力；教学模式；公差配合与技术测量

1　案例背景

1.1　课程特点

“公差配合与技术测量”是高职院校机械类专业的一门重要专业基础课程，课程主要内容包括尺寸公差、几何公差、表面粗糙度及测量技术等方面的基础知识。该课程专业技术性、实用性较强，与实际生产密切相关，在整个人才培养体系中起到了承上启下的作用。在开设该课程之前，要求学生具有一定的识图能力。本课程的学习可以为学生后续的专业课程学习奠定良好的基础。但由于课程中的概念多、术语多、标准多、符号多、涉及的知识面广、实践性强，对于没有实际生产经验的低年级学生来说，理解和掌握这些知识相对比较困难。

1.2 教学现状

传统的教学模式以教师讲授为主，虽将多媒体课件用于辅助教学，但大多数课件内容仍是教材内容的重复；理论教学内容较多，实际测量内容较少；学生习惯了“灌输性”的学习，缺乏学习的主动性和创新性，且不能将所学的理论知识用于实际的零件精度测量中，造成理论和实践严重脱节。因此，必须对教学模式进行改革，以培养学生对零件进行精度识读、设计及检测等方面的职业能力。

2 课程改革的目标

2.1 优化教学内容，发挥学生的主观能动性

以实际岗位能力需要为出发点，本着“学以致用”的原则，甄选适合的教学案例，降低教材难度，去除不符合专业培养目标且较难的概念原理型“陈述性知识”，增加以就业为导向的实践及技能型“过程性知识”，优化教学内容，以通俗易懂、“少而精”的内容增强学生的学习信心，发挥学生的主观能动性。

2.2 构建新型教学模式，提高学生的实践能力

以校企合作项目化任务驱动教学模式为导向，构建以学生为主体，教师为主导，实现现场教学，“做中学，学中做”，边学边做，融“教、学、做”于一体的“学做结合”的教学模式。不断完善教学方法，丰富教学手段，将“以学科为本”转变为“以学生为本”，从侧重灌输知识，变为学生主动参与、自主协作、积极探索问题的新型学习模式。新型学习模式培养学生独立思考的能力及创新思维，使学生能够将理论知识与实践有机结合，提高学生的实践能力。

2.3 建设信息化教学资源，激发学生的学习兴趣

长期以来，“公差配合与技术测量”这门课程作为理论课一直采用“粉笔＋黑板”的教学模式，而这种传统的灌输式教学方法，只适用于“陈述性知识”的讲解，不利于零件精度测量这种“过程性知识”的讲授。时间长了，学生被动地接受一部分理论知识，又不清楚如何将这部分知识应用于实际测量，逐渐地就会缺乏学习的信心，失去学习的兴趣，产生“不好学，不愿学”的心理，同时教师会产生“学生不好教，知识不好讲”

的畏难情绪，使教学效果大幅度降低。由于网络资源的迅猛发展及信息化技术在生活中的广泛应用，建设信息化教学资源可以对“过程性知识”进行直观、逼真的展示，还可以使抽象的“陈述性知识”形象化、具体化、生动化。信息化教学资源不只限于课上学习，还可以应用到课前的预习及课后的复习，可较好地激发学生的学习兴趣。

3 实施过程

3.1 教材建设

3.1.1 教材的开发理念

一是突出高职院校专业基础课程的职业性、实践性和开放性，注重学生职业能力的培养，按照“教、学、做”一体化组织教学，依据“职业岗位→岗位能力需求→选取企业真实工作案例→确定教学项目”对教学内容进行构建。二是教材内容要适用、够用。适用是指“学以致用，以用促学，边学边用”。够用包含两个方面：第一，为了教学内容的弹性化，实现可分层教学；第二，为了学生的可持续发展，以满足岗位能力的需求。

3.1.2 教材的开发思路

为了使课程内容便于学生学习和掌握，贴近工作实际，在充分考虑了学生的知识储备和能力水平之后，结合之前的实训课程内容，所选的测量零件及需要进行精度设计的零件都是CA6140车床上的相关部件，并且这些零件在机械系“机床拆装和夹具”实训室里一应俱全，这样可使学生在拥有体验经验的基础上有能力完成零件精度的检测及设计。

设置以行动为导向的项目，每个项目都是企业的真实工作任务。在项目中设置出子任务，通过“教、学、做”一体化完成任务。项目中配有技能训练，可以针对每个项目不同类别的零件精度进行检测。学生完成一个项目的学习，就可以完成企业的一个工作任务。

3.2 教学模式改革

3.2.1 现场教学，“做中学”“学中做”

以CA6140车床中典型零件为载体，教室与实训室合二为一，实现在公差测量实训室里“学中做”“做中学”，边学边做，融“教、学、做”于一体的“学做结合”的教学模式。课程组成员到各大中型企业及职业院校调研，结合高职教学体系的要求，对“公差配合与技术测量”课程的实践教学进行了统一规划与管理，特别侧重尺寸误差检测、形位误差检测、表面粗糙度的检测和螺纹的检测。建成了实践与理论一体化教室，学生在“学中做”“做中学”，课堂像工厂车间，教师既是老师又是师傅，学生既是学生又是徒弟。

3.2.2 以校企合作项目化任务驱动教学模式为导向

按照“工学结合”人才培养模式，将项目任务教学贯穿教学全过程，根据企业机械加工过程中零件、产品检测任务，设计了6个项目，创设了真实任务的问题情景，并完全按照企业产品图纸、被测零件或产品、企业检测环境来设计教学内容，突出测量操作的真实性和职业性。同时，邀请企业工程技术人员作为兼职教师针对教学内容、教学方法及教学手段给出建设性的指导意见和建议，并对学生的测量实践加以指导，促使学生的实践能力贴近岗位需求。

3.2.3 构建以学生为主体、教师为主导的新型教学模式，完善教学方法

改变传统的教师讲解、学生被动听课的“填鸭式”讲授法，把课堂交给学生，教给学生学习方法，并提高学习能力。课堂上，由教师布置任务并对任务知识点进行分解，学生针对教师提出的知识点，在限定时间内进行自主学习和小组内探讨，之后进行学习汇报并提出在自学中遇到的难点及问题。教师根据学生的反馈进行引导和总结，通过学生完成任务，教师可以检测学生对学习内容的掌握程度，并进行再次指导。

3.3 教学资源建设

将多媒体课件用于辅助教学，信息化的教学手段对提高教学效果可以起到显著作用。多媒体课件并不是教材内容的重复，而是将图片、二维动画、三维动画、微课及微视频等资源有机整合到课件中，可以将复杂难懂的知识简单化，以便于学生理解和掌握。例如，几何公差带释意，做成二维动画进行演示，学生可以直观地看到公差带的形状及公差数值限定的公差带方向或位置，较容易理解掌握内容。

4 课程改革的保障条件

4.1 实验实训教学条件

理论与实践一体化教室，根据学生人数配备足够数量的检测长度、几何公差、表面粗糙度等项目的常用量具及CA6140车床中的典型零件。

4.2 经费投入

信息化教学资源建设及理论与实践一体化实训室建设都需要经费的支

持。具体金额需要根据教学资源类型及数量、购置的量具及仪器种类数量而定。

5　课程改革的实际成果及成效

5.1　形成了科学的课程体系

结合岗位能力要求，完善了以工作过程为导向、以项目为引领、结构合理、便于实施的一体化课程体系。该体系体现职业能力要求，反映企业的典型案例，体现学生职业生涯发展的要求，具备较强的综合性，是以能力为本位、实践为主线、项目为主体的新型课程体系。

5.2　大幅度提升了教学效果

依据课程性质，进行了信息化资源的建设，将重点、难点根据知识点类型进行划分，分别制作了微课、视频、动画、图片及课程网站等信息化教学资源，并将这些资源上传到网络及移动设备终端，结合项目驱动等教学手段，使学生能够发挥主观能动性进行自主学习。在课上采用以学生为主体、教师为主导的教学模式，培养学生的创新思维，在课后通过课程网络平台与学生进行互动交流，激发学生的学习兴趣，增强学生学习的信心，使学生由"不会学，学不会"转变为"自主学，学会用"，基本具备岗位要求的能力，从而使教学效果得到了大幅度提升。

6　课程改革的经验启示

6.1　课程设置方面

高职院校在开设该课程之前，应完成学生对企业、企业设备及企业产品的认识实习，以便学生能够更好地完成该课程的学习，达到更好的学习效果。

6.2　教学管理方面

定期召开教学和教学改革研讨会，开展观摩教学，推广和学习先进的教学经验，以便更好地提高教学质量。

6.3　校企合作方面

保持紧密的校企合作关系，经常与企业进行沟通，获得反馈，以使授课内容与企业所需同步，以培养出具有职业能力的学生。

6.4 实训室建设方面

进一步加强实训室建设，实行规范化管理；开展相应的测量技能竞赛，鼓励学生参与科研活动与实际操作活动，以提高学生的学习积极性，并激发学生的学习兴趣。

6.5 信息化教学手段运用方面

要将信息化教学手段用于教学中，不断完善和扩展教学资源，丰富教学资源的种类，改进教学资源的制作方法，提高教学资源的利用效率，以使这些教学资源更能满足现代高职学生的学习需求。

（执笔人：刘　爽）

案例 14

“理实一体”，任务驱动，推动教学模式改革

——以“电子技术”课程为例

[摘要] 针对目前高职院校在“电子技术”课程教学中存在的问题，提出实践教学的重要性，尝试采用理论与实践相结合的“任务驱动教学法”，实现“理实一体化”教学。

[关键词] 理实一体化；任务驱动教学法；电子技术；教学改革

“电子技术”是针对高职院校电子、自动化、机电一体化等电类专业开设的一门重要的专业基础课程。该课程以培养学生的实践能力为目的，力求理论知识的讲授和实践操作有机结合，融为一体，即实现“理实一体化”。学院在近两年教学过程中，对该课程的教学内容、教学方法及教学环境进行了改革，把对学生能力的培养贯穿整个教学过程中，取得了较好效果。

1　课程改革的背景

当前，多数高职院校在“电子技术”课程的教学上基本沿用了普通高等教育的“讲授式”模式，即教师是课堂的主体，学生只是被动地接受知识。这种教学模式对主要培养理论型、学术型、研究型、工程型人才的普通高等教育院校较为适用，这是因为其课程内容注重理论性，教学过程突出研究性，体现学科体系的完整性。而高职教育与普通高等教育虽然都属于高等教育，但高职教育以培养应用型专门人才为根本任务，具有鲜明的职业定向性，课程体系以应用为主旨，理论教学以够用为目标，教学过程突出“实践性”。因此，在教学上套用普通高等教育院校的教学方法必然会忽视高职教育的人才培养目标和学生自身的特点。

“电子技术”这门课程的理论内容过深，内容的信息量过大，对于高职院校的学生来说，较难掌握，若只是死板地记忆书本知识，不但让学生失去了学习兴趣，而且很难让学生达到学以致用的目的。即使在教学过程中设置了实践环节，多数也是结合理论知识进行的验证性实验，即学生按照教师的要求或实验指导书的步骤完成实验操作，对实验的设计思路、方案的拟定很少进行思考，学生只是被动地进行机械操作，而且这种实验教学内容枯燥无味，缺乏新意，不利于学生实践技能和创新能力的培养。传统的“黑板＋粉笔＋实验”的教学方式不仅不利于激发学生的学习热情，而且远远达不到高职教育的人才培养目标。为满足市场岗位需求，培养优秀的技能型人才，高职“电子技术”教学必须进行彻底改革。这就要求我们要做到以下方面：在教学理念上，淡化理论教学与实践教学的界限，将两者有机地结合，注重学生实践技能的培养；在教学方法上，可以采用“任务驱动教学法”，让学生在实践中体会理论知识的实际应用。同时，可以运用融文字、图像、声音、动画为一体的多媒体技术制作的课件进行辅助教学，使教学更加形象、生动。

2　课程改革的实施过程

2.1　更新教学理念

任务驱动教学法是一种建立在建构主义学习理论基础上的教学法，它将以传授知识为主的传统教学理念转变为以解决问题、完成任务为主的多维互动式的教学理念；将再现式教学转变为探究式学习，使学生处于积极的学习状态中，每一名学生都能根据自己对当前问题的理解，运用已有的知识和自己特有的经验提出方案并解决问题。

任务驱动教学法最根本的特点是“以任务为主线、教师为主导、学生为主体”，改变了以往“填鸭式”的教学方式，创造了“以学定教”、学生主动参与、自主协作、探索创新的新型学习模式。

2.2　创新教学方法

在“电子技术”课程教学过程中，教师提出项目制作任务，学生在教师的引导下完成电子产品制作任务。通过产品制作，系统训练学生分析电路、设计电路、元器件选取与测量、印刷电路板的手工制作、焊接技能、整机测试、故障排除、技术文档的设计与整理等方面的实践能力，同时培养学生自主学习及与他人协作的能力。

教师作为任务的主导者，承担任务的制订、过程的引导、问题的解答等工作。其中，任务制订直接影响整个教学效果。教师在设计任务时，首先要考虑项目制作一定要贴近学生的实际生活，这样学生才会对任务产生浓厚的兴趣。例如，门铃、抢答器的制作，学生对这些很感兴趣，进而会去主动学习。其次，任务的制订要充分考虑学生的个体差异，要将学习目标分层次，针对不同水平的学生分别提出恰当的基础目标、发展目标和开放目标，要求所有学生完成基础目标对应的任务，基础目标完成的学生接着完成下一个需要努力才能完成的发展目标对应的任务，再继续完成后面开放目标对应的任务。例如，门铃的制作，基本目标可以定为单音门铃的制作；发展目标可以定为双音门铃的制作；开放目标学生自由发挥，可以改变设计方法、完善设计要求等。由于有些项目所包含的理论内容过多，学生一时消化不了，在设计任务时可以进行合理的分解，即将一个完整的电子产品制作分成若干个部分电路，每一部分电路还可以继续往下分。例如，数字电子钟的制作，首先让学生完成十进制加法计数、译码、显示电路的制作，打好基础后学生再完成六十及二十四进制就不是什么难事了，接着制作秒脉冲发生器和校正电路，最后将上面几个电路综合，具有基本功能的数字电子钟就制作好了。这种任务分解的方式，可以将一个完整的项目所包含的知识点细化到每个子任务中，学生通过子任务的完成来积累电子产品制作项目所需要的理论知识，增强学生完成任务的信心。

2.3　改变教学环境

传统的“电子技术”教学往往是学生先在普通教室学习理论知识，再到实验室做实验，这样的教学模式容易出现理论和实践在时间和空间上的间断，使得“任务驱动教学法”实施起来比较困难，学生的操作技能很难达到企业工作岗位的要求。为使理论知识和实践技能更好地融合，让学生边学边做，即实现“理实一体化”教学，教学环境的改革势在必行。

鉴于此，“电子技术”教学应在集普通教室、实验室、实训室为一体的综合教室内进行，实现教学场地“一体化”。学生在综合教室的学习过程中，既可以对照实物学习基本理论，又可以进行实际动手操作的训练。这种教学场地的“一体化”，解决了理论教学和实践教学的脱节问题，减少了理论课之间及理论课与实践课之间知识的重复，使教学时间和教学设备的利用率大大提高，增强了教学的直观性，充分体现了学生主体参与的作用，有助于教学质量的提高和高技能型人才的培养。

为了实现教学场地的“一体化”，综合教室一定要具备先进的硬件设施，即包含理论教学所需的硬件设施（如黑板、多媒体、投影仪等）和实践教学所需的仪表、仪器等硬件设施。如果条件允许，可以引进具有流水线的电子实训台，这种实训台模拟了实际工厂的生产环境，使电子技能的训练与工厂的生产操作相吻合，学生一毕业就能上岗工作。

3　课程改革的成效

我们通过两年多的教学实践，验证了在“电子技术”教学中采用“理实一体化”的任务驱动教学法的良好教学效果。学生在项目制作的过程中能够学到必要的理论知识，同时能够提高实践操作能力。

学生制作的部分电子作品（如图 1 所示）。

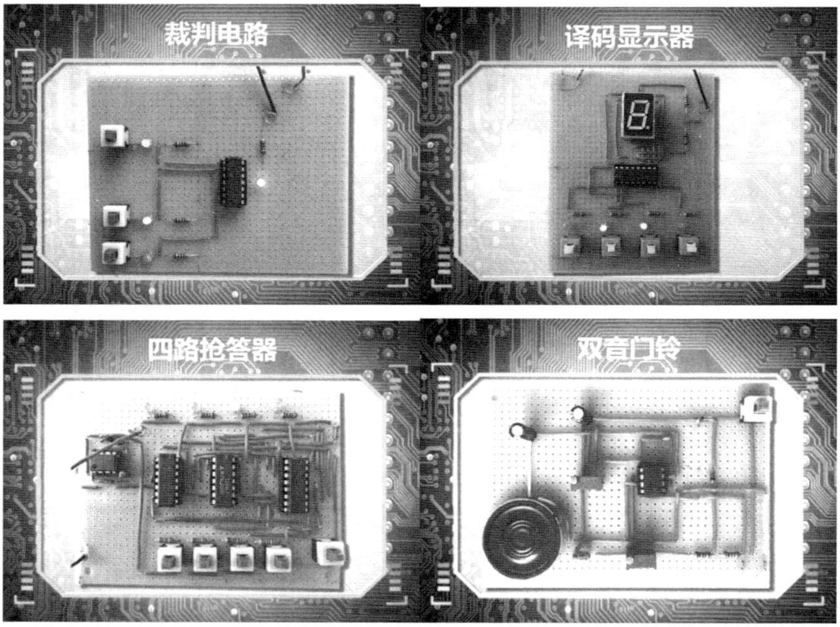

图 1　学生制作的部分电子作品

4　改革实践的努力方向

我们在今后的“电子技术”的教学过程中会继续努力，更好地实施“理实一体化”的“任务驱动教学法”，为企业生产一线培养出更多的技术技能型人才，达到高职教育的人才培养目标。

（执笔人：李福军）

案例 15

“6＋2”诠释课改新理念，“虚＋实”演绎资源新内涵

［摘要］基于能力本位，本课程开发采取“6＋2”原则，具体内容为以职业活动导向、“工学结合”为出发点，设计教学项目和任务，教学过程改变传统知识体系的“讲授式”模式，以学生为主体，采取能力训练的方式，实施“教、学、做”一体化课堂教学模式，重点实现学生能力目标的培养。同时，在课程中渗透素质教育（德育教育、职业素养教育、工匠精神教育）和“自主学习、团队合作、人际交往”等核心能力。

［关键词］能力本位；“教、学、做”一体化；翻转课堂

“电子技术”是针对高职院校电子、自动化、机电一体化等电类专业开设的一门重要的专业基础课程。该课程以培养学生的实践能力为目的，力求理论知识的讲授和实践操作有机结合，融为一体，即实现“理实一体化”。学院在近两年教学过程中，对该课程的教学内容、教学方法及教学环境进行了改革，把对学生能力的培养贯串于整个教学过程中，取得了较好效果。

1　改革的实施背景

2015 年 7 月，教育部下发的《关于深化职业教育教学改革全面提高人才培养质量的若干意见》提出，职业教育要坚持“工学结合、知行合一”，注重教育与生产劳动、社会实践相结合，突出“做中学、做中教”，强化教育教学实践性和职业性，促进“学以致用、用以促学、学用相长”。

刘延东在2016年职业教育活动周启动仪式上的讲话中提出，要进一步提高技术技能型人才培养质量，职业教育仍然是教育体系中的薄弱环节，与教育现代化的要求相比仍有差距；要把提高职业技能和培养职业精神高度融合，形成具有职业教育特点的培养模式；要教育学生敬业守信，让学生学会做人做事，实现可持续发展；要教育学生精益求精，掌握中高端技术技能，成长为支撑“中国制造”走向“优质制造”“精品制造”的生力军。

我院紧密把握职业教育的发展方向，将是否符合时代实际要求，是否实现现代化教育技术手段应用，是否采用先进教学方式方法开展教学，是否在培养学生专业技能的同时渗透职业素质教育和可持续发展核心能力，作为评判课程开发是否科学有效的基本标尺，研究探索出“6＋2”课程开发原则、颠覆翻转课堂教学法、数字化资源库建设等多项成果，有力推动了课程改革项目的完成。

2　改革的主要内容

2.1　课程设计原则

在课程改革方面，我院基于职业能力本位的“6＋2”课程开发原则，进行了课程整体教学设计和单元课程开发。

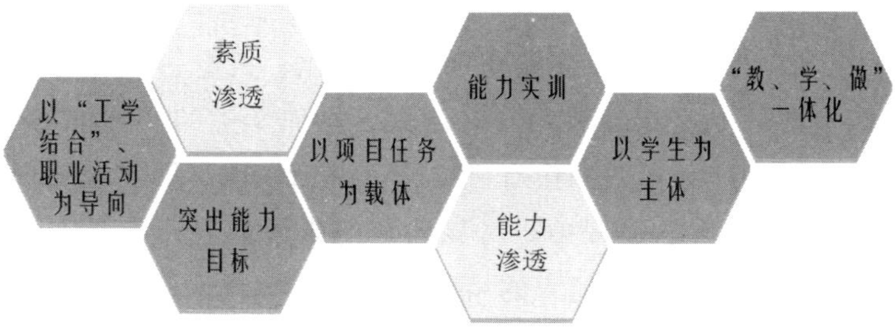

图1　“6＋2”课程开发原则

原则1：以职业活动导向、“工学结合”为出发点

我院建立了“‘区校企’联动发展、‘产学研’结合办学”的校企合作模式。课程采取校企合作的模式，明确专业对接的典型岗位职业活动、职业能力，根据职业活动内容设计教学内容，同时将教学内容设计成职业活动情景，实现“工学结合”。改革后的课程充分体现“教课”，即根据典型

职业岗位要求、岗位活动设计教学内容，打破了传统的按照知识体系或叙述体系设计教学内容的“教书”模式。

图 2 校企共同开发课程研讨会

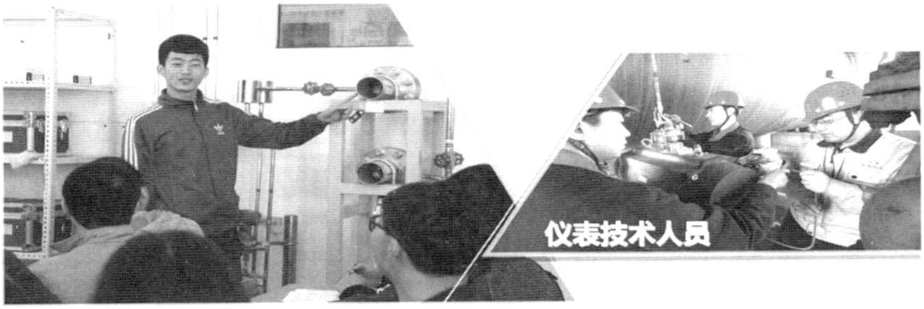

图 3 基于职业活动设计教学内容

原则 2：突出能力目标，强化素质目标

能力目标是指能够用一定的知识去做某些事，素质目标是指做事的态度，知识目标是指掌握一定的知识。在传统教学设计中，教师过于强调知识目标，这就造成在设计教学内容时依然采用知识体系结构，形式上采取“知识讲授＋实验”，整个教学活动以教师为主体。在基于能力本位的课程改革中，打破单纯传授知识、盲目积累知识的旧有模式，开展“教、学、做”一体化教学活动，以学生为学习活动主体。该模式的突出能力目标就是要让知识为做事服务，同时教学活动就是学生做事且分析和解决问题，从而实现素质目标的培养。

图 4　教学活动突出能力目标、素质目标

原则 3：项目任务作为教学载体

在传统教学中，知识传授和技能培养分阶段进行。课程改革后，设计开发教学项目和职业活动任务同时进行，如图 5 所示。

课改前，采取知识目标体系进行教学内容设计，以教师讲授为主。课改后，根据仪表工岗位职业活动设计教学任务，学生成为完成任务的主体。

1．误差的表示形式

1）绝对误差：测量值与真实值的差值，称为绝对误差。

$$\Delta x = x - x_0$$

2）相对误差：测量结果的绝对误差与真值比值的百分数称为相对误差，即

$$\delta = \frac{x - x_0}{x_0} \times 100\% = \frac{\Delta x}{x_0} \times 100\%$$

3）引用误差：就是测量仪表在量程范围内某点的示值的绝对误差与其量程比值的百分数。

$$\delta = \frac{\Delta x}{y_{max} - y_{min}} \times 100\% = \frac{\Delta x}{M} \times 100\%$$

2. 例题

3. 练习

a. 知识目标体系

任务单：EJA110a差压变送器铭牌上信息如下，某仪表维修工对其进行校验，校验数据如下，要求你承担数据处理工作。

测量范围:	0~100（kPa）		
精度等级:	0.25	输出信号:	4~20mA

输入ΔP(KPa)		0	25	50	75	100
理论输出I(mA)		4	8	12	16	20
实际测量I(mA)	升行程	3.98	7.95	12.03	16.0	19.98
	降行程	3.97	8.01	11.90	15.89	19.96
绝对误差(mA)	升行程					
	降行程					
引用误差(%)	升行程					
	降行程					
升降行程误差(mA)						
基本误差计算(%)						
变差计算(%)						
结论						

b.“能力本位”课程体系

图 5　课改前后教学内容设计对比

原则 4：能力训练

在做事的过程中学习相关知识，这是实现学生能力目标、素质目标、知识目标培养的高效之路和必由之路。

图 6　学生在进行能力训练

原则 5：以学生为主体

在课程改革后一切教学活动以学生为中心，发挥学生主体作用。学生是教学活动的主要参与者，能够积极动手做事，分析、解决问题，从而实现能力培养。

原则 6：“教、学、做”一体化课堂教学模式

这种模式的特点如下：一是突出职业技能训练的主导地位，理论教学与职业技能训练相结合。二是学生成为教学活动的主体。我院在课程改革中全面推进一体化教学场所的建设。

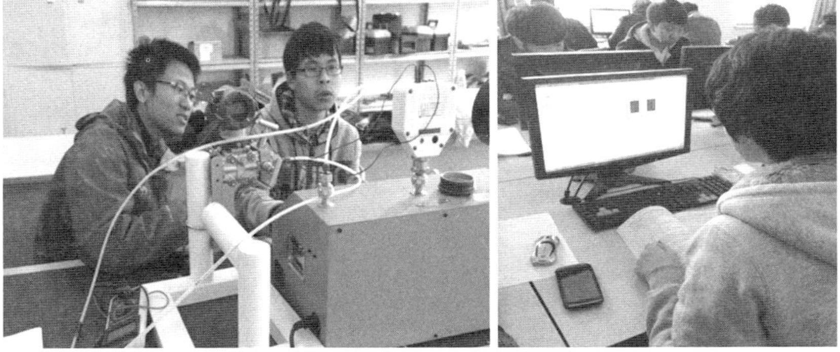

图 7　“教、学、做”一体化教学现场图

2.2 翻转课堂教学法

翻转课堂后，利用教学视频，学生能根据自身情况来安排和控制自己的学习。翻转课堂最大的好处就是全面提升了课堂的互动性，具体表现在教师和学生之间以及学生与学生之间。

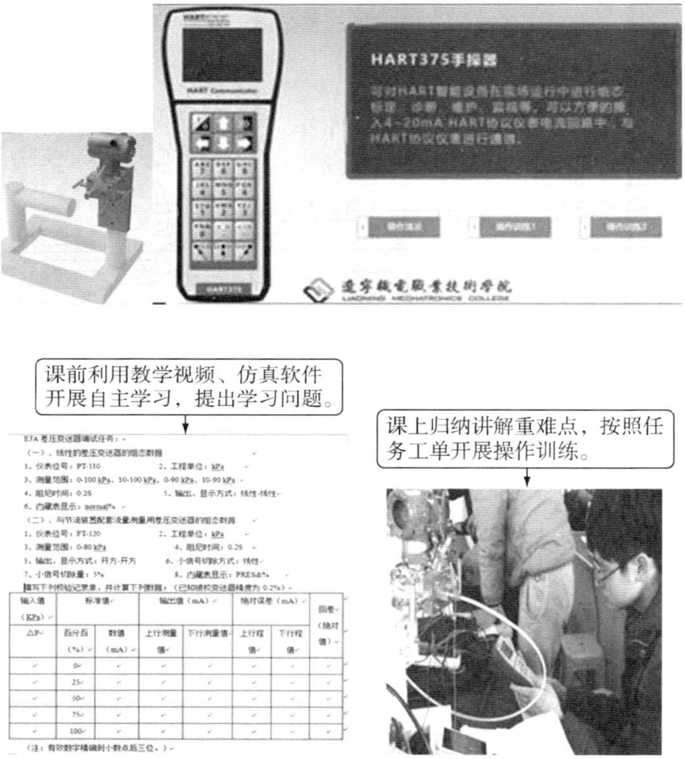

图 8　翻转课堂教学示意图

2.3 数字化资源建设

我们构建了一个多元化、多功能化的数字化资源库。资源库可以用于构建“翻转课堂教学法”的学生自主学习，也可以用于课堂技能训练的教学指导，有效解决教学的重难点问题。

数字化资源的类型包括二维原理演示动画、三维结构展示动画、二维三维操作仿真动画、微课、操作视频、图片资源等。

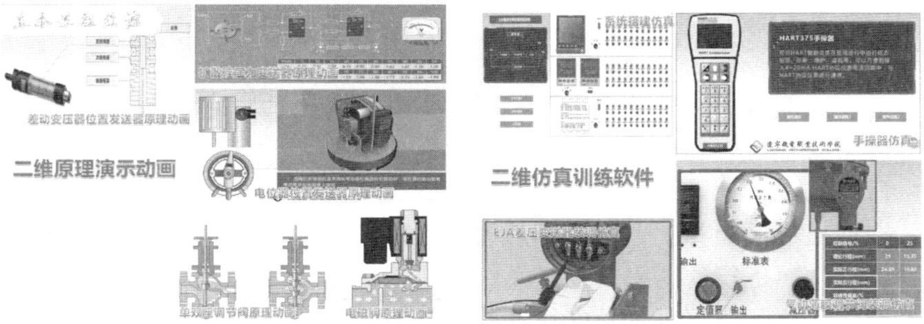

图 9　二维数字资源图

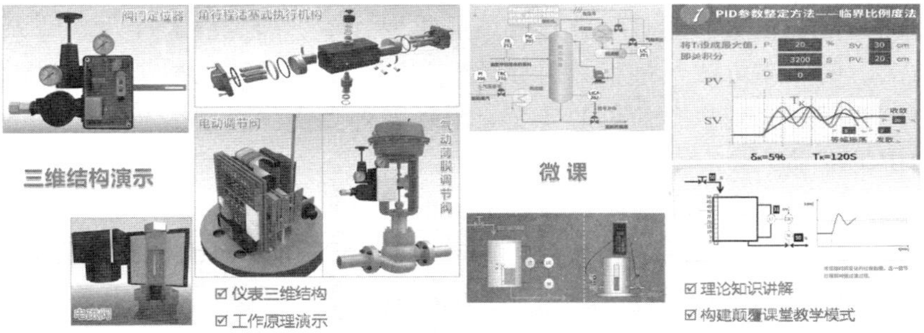

图 10　部分数字化教学资源图

3　改革的工作过程

关于课程改革与数字化资源建设过程可分为 5 个工作阶段。

阶段 1：职业教育理念研讨。

认真学习研究《关于深化职业教育教学改革全面提高人才培养质量的若干意见》等文件，学习国外职业教育先进理念，学习国内先进高职院校的课程教学设计案例，组织教师参加“国家骨干教师培训”“微课制作技术”等培训班的学习。

阶段 2：进行课程整体教学设计、单元课程设计的开发。

基于“能力本位”职业教育理念，采用“6＋2”课程开发原则，开发课程整体教学设计、单元课程设计。

阶段 3：进行课程资源脚本的开发与修改。

阶段 4：与企业合作，开发数字化资源库。

开发的顺序为脚本讨论与确认→二维、三维原理演示动画制作、解说词录制→动画初审与修改→微课制作→微课初审与修改→视频录制与制作。

阶段 5：数字化资源试用与反馈。

4 改革的成效作用

本课程改革包括教学内容改革与教学方式改革，是实现人才培养质量提升的重要举措。本课程改革实践的成效如下：

研究实践了“能力本位”职业教育理念在课程开发与课程实施中的应用，探索出了适合我院课程改革的理论支撑；研究实践了基于“6+2”课程开发原则而进行的课程开发，总结编写了课程开发模板，在仪器仪表专业群全面实施了课程整体教学设计和单元课程设计；研究实践了各种类型数字化资源的开发方法、开发过程，实践了开发数字化资源的脚本编写方法。课程数字化资源是教学方式改革的重要保障，研究实践了“翻转课堂教学法”的实施方法与过程，引导学生开展自主学习，在教学中发挥学生的主体作用，实现教师角色的转变，增强教师与学生、学生与学生在学习活动中的互动。

该项目研究走在了学院课程改革的前列，起到了表率作用。项目开发的整体教学设计和单元课程设计模板在其他院系作为模板指导课程设计，同时分别由高职教育研究所、质管办组织开展了多场关于课程开发与数字化资源建设的讲座，并受邀在各院系开展经验交流。

（执笔人：宋艳丽）

第四部分

实习实训基地建设篇

案例16

自主研发实训设备，师生联袂实训改革

——以机械装调实训室建设为例

［摘要］机械装调实训室建设，以自主开发、设计的六台机械装调实训工作台为载体，以《机械装调技术》实训指导书为基础，开展“机械装调技术”理论与实践一体化教学；以调动学生“体验机械的乐趣”为出发点，着力培养学生识读机械装配图、零部件和机构装配工艺编制与调整、装配工具和检验量具的使用、装配质量检验等方面的技能，提高学生在机械制造企业及相关行业从事机械装配与调试、机电设备安装和维护修理等方面的能力。

［关键词］装配钳工国家技能标准；机械装调；自主开发

1　案例背景

加强实训基地建设是办好高等职业教育的关键所在。实训教学是培养学生创造能力、开发能力、独立分析和解决问题的能力，全面提高高职学生素质的重要教学环节。学生通过实训，受到良好的技能训练，掌握当前一线员工所需要具备的关键技术和职业技能，畅通就业通道，能够更好地适应社会的需要。高等职业教育最显著的办学特色在于技能性、实践性和职业性。实训基地是高等职业教育中对学生实施职业技能训练和职业素质培养的必备条件，也是高等职业教育办出特色、提高质量的基础性建设。要实现高等职业教育的培养目标，除了靠先进的办学理念、正确的治校策略外，还需要加强实训基地的建设。只有这样，才能达到培养社会急需的能将最新的科学技术成果与生产实际相衔接的高技能人才的目的。在发展

高等职业教育方面，经过近几年的探索，大家越来越认识到在目前我国高技能人才十分紧缺的情况下，实训基地建设已成为推动高职教育发展的重要环节。

2　机械装调实训室建设的基本情况

机械装调实训室项目建设参照《装配钳工：国家职业技能标准》，结合我院机械类学生的实际情况，经过近一年半的努力，于 2016 年 8 月基本完成建设项目。项目包括软环境建设、课程建设和实训设备建设三个部分。

图 1　学生研究图纸和工艺

3　机械装调实训室建设的内容和过程

3.1　软环境建设

机械装调实训室设在机械工程馆 F104，面积约 100 平方米。实训室采用多媒体教学设备，并在教室的墙壁上布置“机械装调实训室工作流程”“机械装调实训室安全操作规程”“典型实训流程”和“5S”管理典型口号等展板，在实训室门口悬挂“机械装调实训室简介”等宣传材料。

图 2　机械装调实训室内部环境

3.2　课程建设

课程建设包括课程设计、实训指导书编辑、课件设计和教案编写工作。目前，已经完成《机械装调技术》校本教材的建设工作和教案的编写工作，正在进行课件的编辑工作和多媒体影音的采集工作。

“机械装调技术”课程采用项目式教学，注重理论与实践的结合，加强培养学生将理论知识转换为实践能力，充分调动学生主动参与的积极性，通过随机分组、自主选举组长、自主完成现场“5S”管理、自主研讨装调工艺方案、独立实操考核等方法，培养学生团队协作、独立完成的良好工作习惯。

表 1　课程内容一览表

编号	能力训练项目名称	学时	能力目标	主要支撑知识	训练方式	结果
1.1	变速箱的拆装准备工作	4	①能牢记钳工操作基本安全规范，了解“5S”现场管理要求； ②能读懂变速箱的装配图； ③能编写变速箱拆装工艺； ④总结与评价	①机械制图； ②机械设计基础； ③钳工工艺学	①多媒体讲解； ②视频示教； ③学生实操	变速箱的装配工艺卡

续　表

编号	能力训练项目名称	学时	能力目标	主要支撑知识	训练方式	结果
1.2	变速箱的拆装	4	①能根据需求正确选择适用的工具、量具；②能根据图纸需求使用工具和量具完成变速箱的拆装	①机械制图；②机械设计基础；③钳工工艺学	①多媒体讲解；②视频示教；③教师示范；④学生实操	变速箱装配过程评价表
1.3	变速箱固定轴1的拆装	4	①能根据需求正确选择适用的工具、量具；②能编写变速箱固定轴1的装配工艺卡；③能根据图纸需求使用工具和量具完成变速箱固定轴1的拆装	①机械制图；②机械设计基础；③钳工工艺学	①多媒体讲解；②视频示教；③教师示范；④学生实操	变速箱固定轴1的装配工艺卡
1.4	变速箱固定轴2的拆装	4	①能根据需求正确选择适用的工具、量具；②能编写变速箱固定轴2的装配工艺卡；③能根据图纸需求使用工具和量具完成变速箱固定轴2的拆装	①机械制图；②机械设计基础；③钳工工艺学	①多媒体讲解；②视频示教；③教师示范；④学生实操	变速箱固定轴2的装配工艺卡
1.5	变速箱输出轴的拆装	4	①能根据需求正确选择适用的工具、量具；②能编写变速箱输出轴的装配工艺卡；③能根据图纸需求使用工具和量具完成变速箱输出轴的拆装；④能够进行电磁离合器安装间隙的调整	①机械制图；②机械设计基础；③钳工工艺学	①多媒体讲解；②视频示教；③教师示范；④学生实操	变速箱输出轴的装配工艺卡

续 表

编号	能力训练项目名称	学时	能力目标	主要支撑知识	训练方式	结果
1.6	变速箱滑动轴的拆装	4	①能根据需求正确选择适用的工具、量具； ②能编写变速箱滑动轴的装配工艺卡； ③能根据图纸需求使用工具和量具完成变速箱滑动轴的拆装	①机械制图； ②机械设计基础； ③钳工工艺学	①多媒体讲解； ②视频示教； ③教师示范； ④学生实操	变速箱滑动轴的装配工艺卡
2.1	二维工作台的拆装	4	①能读懂二维工作台的装配图； ②能编写二维工作台拆装工艺； ③能根据需求正确选择适用的工具、量具； ④能根据图纸需求使用工具和量具完成二维工作台的拆装； ⑤总结与评价	①机械制图； ②机械设计基础； ③钳工工艺学	①多媒体讲解； ②视频示教； ③教师示范； ④学生实操	二维工作台拆装工艺工艺卡
2.2	滚珠丝杠副的拆装和调整	4	①能根据需求正确选择适用的工具、量具； ②能编写滚珠丝杠副的装配工艺卡； ③能根据图纸需求使用工具和量具完成滚珠丝杠副的拆装； ④能进行滚珠丝杠副轴向间隙的调整	①机械制图； ②机械设计基础； ③钳工工艺学	①多媒体讲解； ②视频示教； ③教师示范； ④学生实操	滚珠丝杠副的装配工艺

续　表

编号	能力训练项目名称	学时	能力目标	主要支撑知识	训练方式	结果
2.3	直线导轨的拆装和调整	4	①能根据需求正确选择适用的工具、量具； ②能编写直线导轨的装配工艺卡； ③能根据图纸需求使用工具和量具完成直线导轨的拆装； ④能进行直线导轨副平行度的调整	①机械制图； ②机械设计基础； ③钳工工艺学	①多媒体讲解； ②视频示教； ③教师示范； ④学生实操	直线导轨的装配工艺卡
3.1	电动刀架的原理和结构	4	①能读懂电动刀架的装配图； ②能掌握电动刀架的动作原理和结构； ③能编写电动刀架的拆装工艺； ④能根据需求正确选择适用的工具、量具	①机械制图； ②机械设计基础； ③钳工工艺学	①多媒体讲解； ②视频示教； ③教师示范； ④学生实操	电动刀架的装配工艺卡
3.2	电动刀架的拆装	4	①能根据图纸需求使用工具和量具完成电动刀架的拆装、装配和调整； ②总结和评价	①机械制图； ②机械设计基础； ③钳工工艺学	①多媒体讲解； ②视频示教； ③教师示范； ④学生实操	电动刀架的装配过程评价表
4.1	刮削训练和总结评价	4	①能掌握刮削的基本实施方法和特点； ②能掌握刮削的基本技能； ③能编写实训报告书； ④能根据实训过程进行自身评价	①机械制图； ②机械设计基础； ③钳工工艺学	①多媒体讲解； ②视频示教； ③教师示范； ④学生实操	实训报告书

3.3 实训室建设

3.3.1 实训设备建设

机械装调实训室项目建设采用的是XSJX—1型机械装调技术综合实训台。

图3 学生在进行实训操作考核

图4 XSJX—1型机械装调技术综合实训台

3.3.2 自主设计开发

XSJX—1型机械装调技术综合实训台主要由我院教师和学生组成的设计团队来完成设计，它是在前期充分考察和调研的基础上，结合我院实际情况开发出的一款教学设备，设计图纸和技术文件全部可以用到课程开发和建设中。

3.3.3 实操性强

依据相关国家职业标准、行业标准和岗位要求设置各种实际工作任务，以职业实践活动为主线，通过“做中学”，真正提高学生的操作技能和就业能力。

3.3.4 适用面广

基于机械装调技术中的钳工基本操作、装配、测量及调整、质量检验的工作过程进行设计，可满足实训教学、工程训练及职业技能竞赛的需要。

3.3.5 模块化设计

该实训台由多种机械部件组成，如二维工作台、多级变速箱、间歇回转工作台、齿轮减速器和机床机构等。它既可将各部件作为独立的模块进行训练，又可将各部件组成综合的机械系统进行训练。

3.3.6 综合性强

应用该实训台可以培养学生的机械识图、常用工具和量具的选择及使用、机械零部件和机构工艺与调整、装配质量检验等综合能力。

3.3.7　满足我院实训要求

重点解决各个机械结构相互作用的无缝连接问题，并在实训项目中加入数控机床装配调试的元素和内容，使该实训装置更能够符合我院实训的要求。

4　机械装调实训室建设的意义和发展

机械装调技术的实训开展，将学生“体验机械的兴趣”放在第一位，这样学生在参与机械装调实训时，才能充分地认识到学习机械的乐趣，才会增加参与机械装调的动力。

机械装调技术实训室的建设，使学生亲身参与模拟企业车间的实践现场的情境中，从而通过实训室建设带动课程建设，进而增强学生学习的兴趣，提升学生自身从事生产一线工作所应具备的实用技能。

（执笔人：周　新）

案例 17

实训基地亦能“生产”，校企共建方能“互融”

[摘要] 高等职业教育是高等教育的重要组成部分，是推动整个社会经济发展的重要因素。经济供给侧结构性改革给高等职业教育提出了更高要求，因此有必要对一直承担人才供给任务的高职教育进行供给侧改革。本文针对黄海汽车工程学院人才质量培养中存在的问题进行研究，剖析该学院校企合作典型案例，从构建高职教育体系结构、完善专业布局规划、深化课程体系建设、强化“双师型”教师队伍建设、推行现代信息化教学和创新人才培养模式等方面，进行高等职业教育供给侧改革实践研究。

[关键词] 供给侧改革；高等职业教育；人才培养；实践研究

1 案例背景

培养什么人和怎样培养人是教育的根本问题。2014 年，习近平总书记做出重要指示，职业教育要努力培养数以亿计的高素质劳动者和技术技能人才；要牢牢把握服务发展、促进就业的办学方向，深化体制机制改革，创新各层次各类型职业教育模式，坚持产教融合、校企合作，坚持工学结合、知行合一，引导社会各界特别是行业企业积极支持职业教育，努力建设中国特色职业教育体系。总书记的重要指示为我们在新形势下如何开展职业教育改革指明了方向。

我院积极落实习总书记的指示精神，以教育部《关于深化职业教育教学改革全面提高人才培养质量的若干意见》为指导，紧紧依托辽宁仪器仪表产业园大力发展仪表产业的背景，在政府主导和企业支持下，以仪器仪表实训基地为实施对象，以建设支撑“工学结合”人才培养模式的实训基地为切入点，通过营造“企业化”育人环境、构建生产性实训教学体系、加强校企互动、引进企业师资等途径，多方位深化实训基地文化与企业文化融合的内涵建设，提高人才培养的“企业适用性”，真正实现学生“零距离”就业，切实实现了职业教育人才培养质量的提高，同时为其他实训基地的校企文化融合建设提供有益借鉴。

2 建设内容

2.1 校企合作，建设真实的“生产性”实训装置

“工学结合、知行合一”是职业教育人才培养的基本原则。只有在真实的“生产性”实训环境中进行能力训练，突出“做中学，做中教”，才能实现教学的实践性和职业性，才能促进“学以致用、用以促学、学用相长”，才能充分调动学生的学习兴趣，实现企业适用的人才培养目标。

实训基地硬件建设坚持“产业契合度高、校企紧密合作、生产真实性”的原则，与通博电器（集团）有限公司合作，共建了液体流量检定及现场仪表安装运行训练装置。该套装置依据国家相应规程及标准要求，广泛应用在计量检定部门和石化、热电等企业，在技术方案上同时考虑教学实用性，注重校准内容的多样化和装置尺寸的小型化。实训功能分区如下。

2.1.1 流体过程参量检定训练区

图1 流体过程参量检定训练区

2.1.2 差压式流量计现场安装训练区

图 2 差压式流量计现场安装训练区

2.1.3 热电偶、热电阻温度计检定训练区

图 3 热电偶、热电阻温度计检定训练区

2.1.4 热电偶、热电阻结构认识、选型、安装训练区

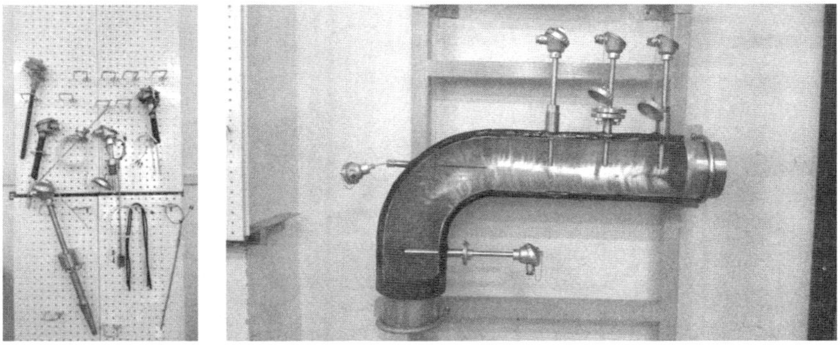

图 4 热电偶、热电阻结构认识、选型、安装训练区

2.1.5　学习与讨论区

图 5　学习与讨论区

2.2　开展师资培训，提升教师实践能力

专业教师参与基地建设全过程，与企业技术人员共同确定技术方案，共同开展设备安装调试，并参与企业组织的技术和设备使用培训。这对教师而言，是一次难得的生产实践锻炼，较大程度上提高了教师实践能力，使一批青年教师得到进步。

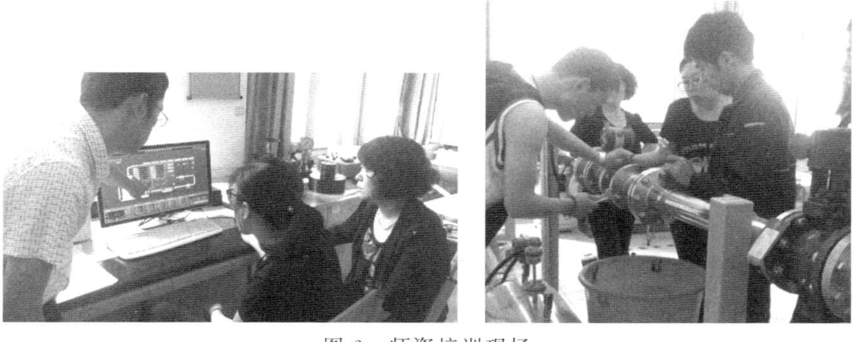

图 6　师资培训现场

2.3　营造“企业化”育人环境

实训基地引入企业“6S（整理、整顿、清洁、清扫、素养、安全）”管理规定，强化教学、生产现场管理，培养学生的职业素养和安全意识。实训前进行安全教育，要求学生不仅要熟悉本行业的技术规范、操作规范、安全规范，还要在实训中养成严格按技术规范开展仪表安装、调试和检定的习惯；实训过程中按班组、工位进行教学组织，严格要求学生工量仪器摆放有序，设备及时维护保养，养成安全文明生产习惯。同时，要求学生进入实训场所必须着工装，佩戴胸卡。每天的实训就像在企业上班一样，实训前布置任务，实训后检查任务完成情况。教师的行为就像是师傅带徒弟一样，又像是车间主任管理员工一样，最终的培养目标是学生的素质和企业员工一样。

在实训基地文化氛围的营造方面，我们会悬挂、张贴生产标识、操作规程、职业行为规范等标语和图示。同时，为了培养学生“一丝不苟，追求卓越”的工匠精神，我们制作了工匠内涵和行业专业优秀工匠事迹等展板，使学生在实训过程中能感受到浓郁的职业环境的熏陶。

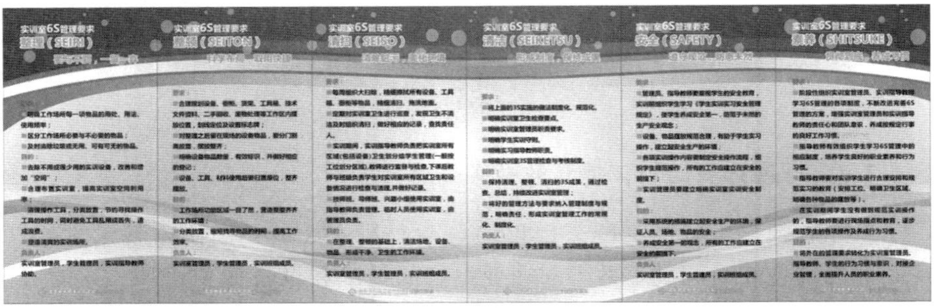

图 7　实训室文化

2.4　以任务为导向，构建面向“工学结合”人才培养模式的实训教学体系

利用校企合作的校外和校内实训基地构建“五阶递进”的人才培养模式。第一阶段为岗位认知，首先在校外实训基地开展“认识认知实习”，使学生了解企业生产流程、企业管理文化和专业对接典型岗位的工作任务；第二阶段为专业基础知识学习，以企业生产和应用的典型仪表作为教学载体，在校内实训基地开展理论与实践一体化学习；第三阶段为专项技能训练，在校内生产性实训基地构建企业化工作情境，根据任务工单开展能力训练；第四阶段为生产实践，根据企业生产任务要求，组织学生在校外实训基地开展生产实习；第五阶段为顶岗实习阶段，在校外实训基地开展综合能力训练。

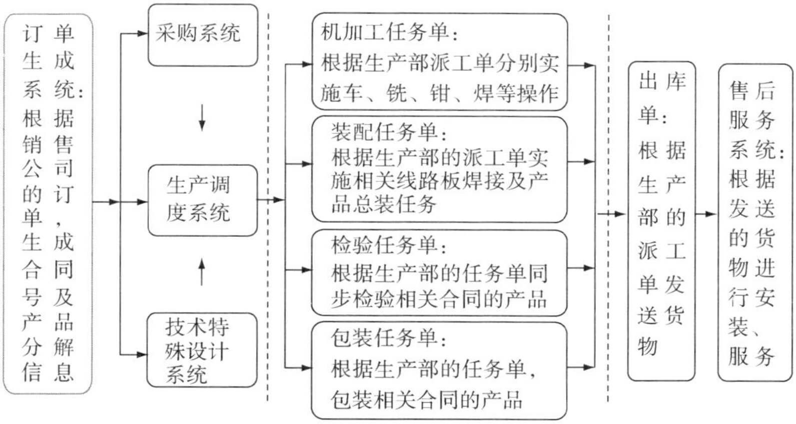

图 8　典型岗位

3　保障条件

3.1　组织保障

一是学校应协调有关部门制订鼓励校企合作的激励政策，调动学校、企业参与合作的积极性；二是学校要制订规范校企合作管理的文件，签署校企合作协议，规范合作行为，保证校企双方的合法权益。

3.2　资金保障

学校提供充足的专项资金投入校外实习基地的建设和管理，专款专用，主要用于项目研发、软硬件资源建设、师资队伍培养、日常运营等。

3.3　人员保障

校外实习基地能够选派具有相应专业技术职务的技能人员对学生进行指导，使学生能有效地参与实践活动，达到教学要求，顺利完成教学实习计划。

3.4　师资保障

校外实习基地要求具有一定的稳定性，每学期或每学年都能接受固定专业的一定数量的学生或教师进行实习。

4 效果评价

4.1 仪器仪表基地的“工学结合”功能建设，促进了与企业文化的融合

在仪器仪表生产性实训基地“工学结合”这种功能环境下，学生接触的是企业真实产品，按照行业、企业规范和标准进行任务训练，可以培养学生从事相关岗位的职业能力。按企业的运作机制对学生实施生产劳动组织和管理，营造企业化的生产环境，学生进到实训基地，就是进入班组、工段的员工，受企业工作制度的约束，思维、行为受到工作环境和生产工艺的影响，从而培养学生在做事中学会思考，学会做人，较好实现职业素质的培养。

4.2 企业“6S”管理融入校内实训基地管理

将企业“6S”管理融入校内实训基地管理，制作了“6S”管理展板，制订了“6S”现场管理制度，营造了整洁的实训场所，保持了严谨、有序的实训秩序，促使师生们保持积极的工作、学习状态，学生的素质、卫生、安全意识有较大提高，在技能学习方面也更专心、投入。

（执笔人：林锦实 宋艳丽）

案例 18

“以假乱真”建实训基地，“货真价实”育技能英才

——以计算机应用技术创新型实训基地建设为例

[摘要] 计算机应用技术创新型实训基地是以模拟移动互联网应用技术支持为纽带的校内生产性实训基地，是建设一个能生产网络组建、调试与维护，综合布线，信息安全，无线接入网，光接入网，增值业务应用与开发，操作系统与软件移植，物联网应用（智能家居），软件开发与应用，智能终端维修等教学产品为一体的综合性实训基地。该基地重点建设了通信技术实训室、计算机网络技术实训室和综合布线实训室。实训室模拟和还原真实的工作岗位及项目任务，在校内为学生提供一个从实训环境、实训设备、实训项目到管理都与实际岗位相一致的教学环境。学生在校内就可以得到与在相关企业相同的有关移动互联网应用的各项专业技能训练，同时能得到与真实企业环境相一致的企业文化训练。

[关键词] 创新型实训基地；服务；教学产品；拓扑结构

1　案例背景

计算机应用技术创新型实训基地是以模拟移动互联网应用技术支持为纽带的校内生产性实训基地，是建设一个能生产网络组建、调试与维护，综合布线，信息安全，无线接入网，光接入网，增值业务应用与开发等教学产品为一体的综合性实训基地。2013 年 6 月，计算机应用专业群申报了辽宁省 2013 年职业教育创新型实训基地“以模拟仿真教学产品（服务）为纽带的校内生产（服务）型实训基地——计算机应用技术实训基地”项目。项目获批后，按照专家修改意见对项目建设任务书进行了修改和完

善，之后正式启动了创新型实训基地的建设工作。结合学院示范校建设项目开展，用于本创新型实训基地的建设资金为150万元，其中融合通信技术实训室建设资金115万元、计算机网络技术实训室建设资金20万元、综合布线实训室建设资金15万元，现已经完成全部项目建设内容。

2 主要目标

计算机应用技术校内生产性实训基地围绕10项移动互联网应用为教学产品，完善、整合现有的计算机网络技术实训室、综合布线实训室、信息安全实训室、通信技术实训室和通信工程实训室等多个实训室，可以为计算机应用技术群内5个专业的近20门课程及实训项目提供软硬环境的支撑，为培养移动通信应用服务类高端技能型人才提供保障。

3 实施过程

3.1 计算机网络技术实训室建设

3.1.1 计算机网络技术实训室的作用

计算机网络技术实训室是计算机网络技术专业和通信技术专业的专业实训室，该实训室主要培养的岗位是网络管理员和网络工程师，承担的课程包括“计算机网络技术”“网络设备互连”“中小型企业网络建设与维护”“局域网应用实训”等，培养学生组建网络、管理网络和维护网络的能力。

3.1.2 计算机网络技术实训室建设需求

为了更好地培养学生的实践能力，更新网络新技术，继续依据“设备技术合作、师资培养合作、认证考试合作”的校企合作模式，完善计算机网络技术实训室建设。在本次实训室完善过程中，注重职业考证相关知识的融入，充分利用实训设备，以职业能力为目标合作开发实训项目，建立具有真实性、先进性、适用性、多层次性和灵活扩展性特点的专业实训室，为学生提供了进行实战训练的场所，成为专业教师从事网络技术研究和应用系统开发的平台，是学生参加职业技能大赛、获取网络工程师资格的温床，是辽宁省有特色的师资培训基地。

3.1.3 计算机网络技术实训室建设内容

实训教师将以校园网和企业为平台，自主设计开发校园网项目、企业网项目等综合性项目。这些项目训练使学生具备从事网络设计、组建、安装、调试、维护与管理的职业技能。

实训室建成后能满足 8 组学生（每组 5 人）同时进行网络操作，包括交换机、路由器等主要设备的管理、配置、实验环境搭建等。实训室能够培养学生以下技能：

① 网络技术能力。交换和路由设备故障与性能监控，设备配置变更与设备配置管理，远程协同维护和管理，等等。

② 多元化的专业技能。在教学过程中培养学生具备不同领域的专业技能。

③ 很强的沟通技能。在教学过程中培养和提高学生的职业素养，培养沟通能力、问题解决的能力、时间管理能力、呈现能力等。

④ 很强的适应能力。培养学生在学校学习过程中提前了解行业企业的用人需求，掌握行业企业不同岗位技能需求，提高学生到行业企业的适应能力。

3.1.4 计算机网络技术实训室拓扑设计

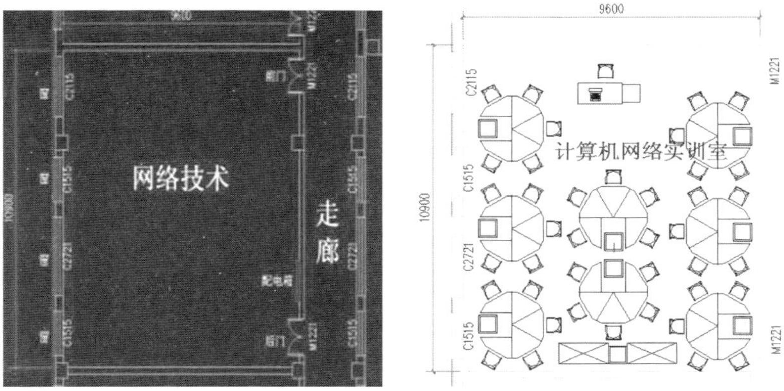

图 1 计算机网络技术实训室拓扑结构设计

3.1.5 计算机网络技术实训室建设完成图

图 2 计算机网络技术实训室实物图

3.2 综合布线实训室建设

3.2.1 综合布线实训室建设需求

综合布线实训室建设应满足目前网络专业、网站专业、通信专业、硬件专业等专业综合布线实训课程的需要，为学生提供先进的综合布线工程技术方面的实践环境，提高学生的实践经验和动手能力，使学生在毕业前就能熟练掌握综合布线工程技术的基本操作方法和技术，能够承担综合布线工程项目，满足网络和通信行业的社会需求，进而提高学生在IT和通信行业的就业率，并为IT和通信行业培养一批有知识、懂专业技术、熟练掌握综合布线操作技术的专业人才，满足快速发展的网络和通信行业的需要。

综合布线实训室的运用，可以面对学生和社会人员进行相关方面的培训，提高学员动手能力，实现“零距离”就业需求；可以承接综合布线相关的中、高职技能大赛（我校的几次计算机网络方面的技能大赛所取得的成绩就与综合布线实训室有很大关系）；可以提高校内教师实践动手能力，以便对外承接相关工程，扩大我院在社会上的知名度。

3.2.2 综合布线实训室建设内容

3.2.2.1 综合模拟墙

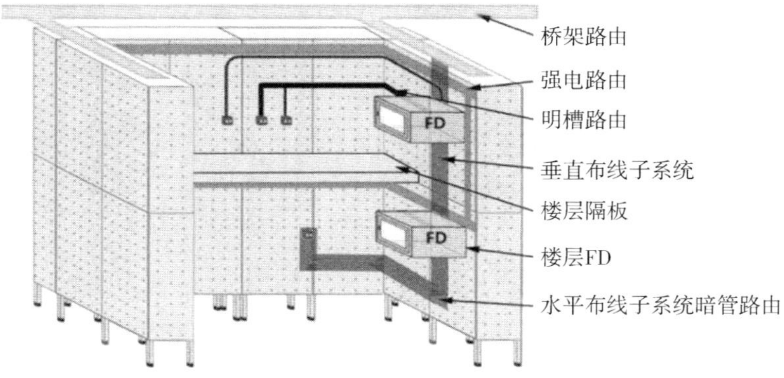

图3 综合布线模拟墙结构图

综合模拟墙由经过深化设计的新型实训模拟建筑组成，本方案中模拟墙设有设备间、管理间、工作区，包含一座建筑物的所有综合布线功能区域，从而构建仿真的实训环境。模拟建筑实训路由环境有明布线和暗布线两种方式，可使设计学生每人最少使用一个信息点，并以项目组为单位完成综合布线7个子系统的设计、安装、工程管理监理、测试验收等内容的综合训练。

产品规格：单堵墙体长 1900 mm，高 2720 mm，墙厚 200 mm。

产品配置：墙面共 3 面，每面分上下两层，楼梯 2 套。具有 10 个实训区域，可以分配为 8 个工作区、3 个垂直子系统、8 个水平子系统、6 个管理子系统，可满足 24 人同时实训。其中，一个管理间的设计采用上下双层楼板结构，中间由垂直主干连接。

产品结构：产品采用全钢结构，外覆钢板，钢板内嵌实训安装板，建筑墙体采用上下件组装，构成每个组件后再进行总装。

图 4　综合模拟墙实物图

3.2.2.2　多功能综合布线实训台

产品规格：台式结构，宽 1800 mm，高 1500 mm，厚 700 mm。

产品配置：LED 显示网络跳线测试模组 1 套、LED 显示打线训练模组 1 套、带有嵌入式 12U 开放式机架 1 个、内置水平线槽装置 1 套、多媒体交接箱设备 1 套、光纤熔盘测试设备 1 套、数据配线架 2 个（超五类、模块式各 1 个）、语音 110 配线架 2 个、理线架 4 个、12 口光纤配线架 1 个、电话机 1 部。

实训操作台可维护性强，各个训练功能和测试功能模组全部采用结构化设计，当其中一部分因磨损需要更换时可以采用最小化的方式，只需对单一模组进行更换，节约日后维护成本和教学成本。

产品功能：

① 网络跳线制作与测试训练

② 打线技能训练

③ 光纤熔盘技能训练

④ 综合布线链路安装实训

⑤ 设备安装及调试

⑥ 语音链路构建实训

⑦ 光纤到桌面链路实训

3.3 通信技术实训室建设

通信技术实训室由光纤传输实训平台、GPON 光接入实训平台、软交换实训平台以及通信电源系统组成一个相互连接的小型移动通信业务平台。该平台能够实现模拟网络运行和各个网络对接，并能够完成对每种设备平台的实训与研究。实训室全网拓扑图如图 5 所示。

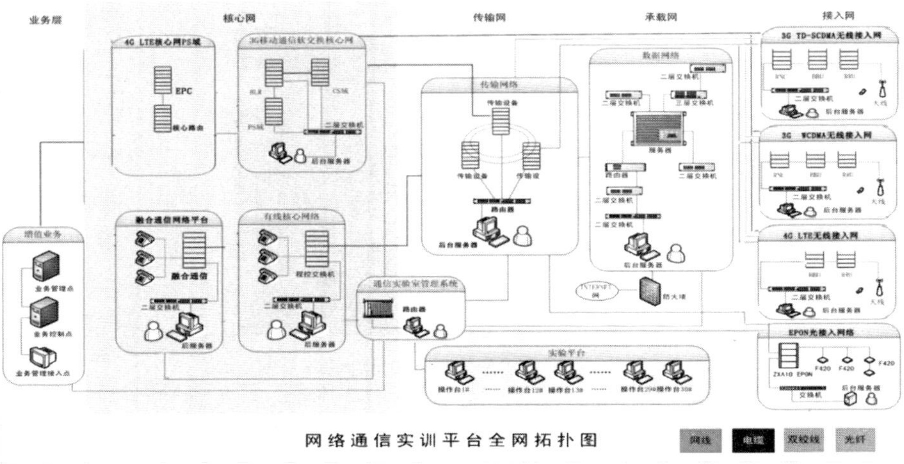

图 5　通信实训室全网拓扑图

光纤传输实训平台采用三台中兴通讯主流局用机架式速率为 STM-16 的光传输设备（ZXMP S325）为载体，以 SDH 的形式来搭建，提供 SDH 自愈环的实验系统。该系统除提供 SDH 基本业务外，还可以提供基于 PTN 技术的 IP 等多业务接入形式，保证后期综合业务接入的可扩展性。

光接入传输实训平台使用中兴通讯 1 台局端 OLT 光线路终端设备 ZXA10 C300、15 台 ONU 终端设备 ZXA10 F460 和 10 台 4 路分光器，可以满足至少 40 名学生在实训室上课的需求，满足整体平台多业务接入的需要。OLT 通过各种上联板配置的上联口上联相关系统以完成接入网向上层网络或其他网络的接入，其目的是使全网业务可以在光接入系统中实现。OLT 通过光分路器分光后连接至各 ONU，ONU 直接通过以太网口连接 PC，实现高速宽带业务。ONU 通过 VOIP 口连接数字电话实现语音业务，即 VOIP 业务。

FTTX 实训平台如图 6 所示。

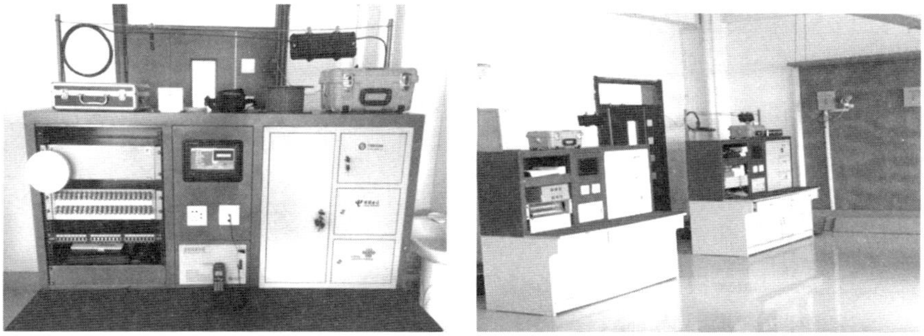

图 6　FTTX 实训台实物图

4　条件保障

4.1　组织保障

我院成立实训基地建设领导小组，由信息系主任刘中华任组长，全面负责建设项目的规划、决策、实施、管理等工作。成立各实训室建设小组，以项目负责人为组长，负责制订实训室的建设计划和具体项目的实施。

4.2　制度保障

建设项目确定以后，我院制订了“项目建设任务书”，明确项目组织和负责人的建设责任、各阶段的建设任务、建设进度和建设目标等，以及有关项目建设检查考核、评价通报等规定和相关配套政策，以保证项目建设的进度和质量，确保项目建设达到预期目标。

4.3　资金保障

从学院自身发展方面来看，由于学院始终坚持走“区校企”联动发展，“产学研”结合办学的特色发展之路，通过区校合作、校企合作，学院能够争取地方政府（丹东市）和企业的支持，而且学院被评为“辽宁省示范院校第一批建设单位”，资金能够得到保障。

5　项目成果及推广

计算机应用技术创新型实训基地建设完成后，为计算机应用专业群的各个专业提供了教学服务，给学生提供了进行实战训练的场所。该实训基地是专业教师从事网络技术研究和应用系统开发的平台，是培训优秀学生参加职业技能大赛的训练平台，是辽宁省有特色的师资培训基地。

以该实训基地为平台，近几年开发实训项目，公开出版7部教材（《计算机网络与安全管理》《计算机网络基础与实践》《计算机网络技术实训》《局域网组建与管理》《计算机网络技术》《Linux网络服务器配置与管理项目教程》《网络操作系统管理与应用》），开发2部实训指导书（《网络综合布线指导书》《通信工程实训指导书》）；公开发表18篇相关研究成果论文；开展了3次辽宁省中高职骨干教师培训（培训项目包括信息安全技术应用和宽带接入网络技术）。

以该实训基地为平台，培训学生参加全国职业技能大赛。2015年，参加4G全网建设技术赛项获得省赛一等奖、国赛三等奖，计算机网络应用赛项获得省赛二等奖；2016年，参加云计算技术与应用赛项获得省赛三等奖，“大唐杯”第三届全国移动通信技术大赛获得省赛一等奖、二等奖、三等奖、国赛二等奖；2017年，参加云计算技术与应用赛项获得国赛三等奖。

该实训基地的研究成果——“以模拟移动互联网应用技术支持为纽带的计算机应用技术校内生产性实训基地研究与实践”和“职业院校校内创新性实训基地建设”均获得辽宁省教育科研优秀成果三等奖。论文——《移动互联网应用校内生产性实训基地建设研究》获得第三届教育评价研究优秀成果二等奖，《计算机网络技术专业基于工作过程的课程研究与实践》获得第三届职业技术教育科学研究成果三等奖。

6 体会与思考

计算机应用技术创新型实训基地在建设过程中，与中兴通讯股份有限公司、锐捷网络股份有限公司、神州数码控股有限公司等进行深层次合作，按照企业标准进行建设，为计算机应用专业群提供了实训平台，是学生技能大赛的训练场所，也是辽宁省中高职骨干教师培训的摇篮。我院还要继续进行设备的二次开发利用，继续与企业合作，开发应用型和综合性项目与案例，使实训基地真正成为学生实践技能的基地。

（执笔人：丛佩丽）

案例 19

“校中厂”激发企业活力，“做中学”沉积创新成果

［摘要］目前，高职教育面临着学生知识匮乏、基础较差、缺乏自学能力和自控能力、逻辑思维不足等诸多问题，这就决定了高职教育必须走“工学结合”之路，让学生在整个受教育过程中发挥主体作用，并通过生产实践、科研实践、技术服务实践和创业实践来实现自我教育和提升。本案例从当前职业教育的实际情况出发，以探索校企合力打造产品化的“校中厂”为实践案例来展现高职院校如何建立集教学实践、生产性实践和创新实践于一体的“校中厂”，使学生成为高职教育的主体。

［关键词］校中厂；生产性实践活动；教育教学实践活动；教育教学主体

北方黄金珠宝学院是由辽宁机电职业技术学院在 2011 年与丹东中金投资实业有限公司（现丹东中金实业有限公司）、中国黄金协会等联合创立理事会模式的二级产业学院。理事会由辽宁机电职业技术学院北方黄金珠宝学院、丹东中金投资实业有限公司、中国黄金集团、中国黄金协会、中国珠宝协会、国家珠宝玉石质量监督检验中心等组成。之后，由辽宁机电职业技术学院和丹东中金投资实业有限公司共同投资，双方共同在辽宁机电职业技术学院内打造了一个可以实现产品

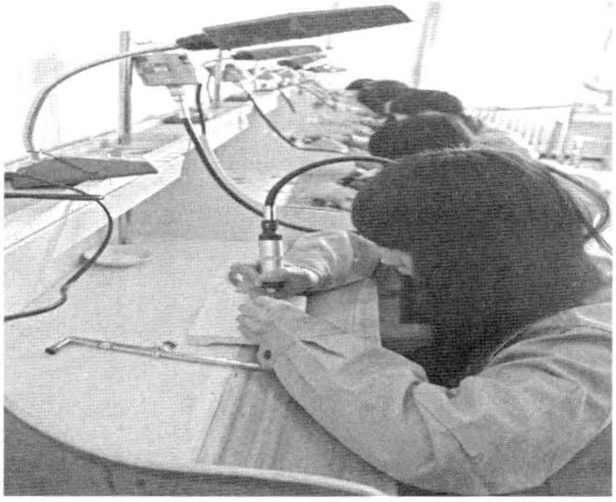

图 1　北方黄金珠宝学院“校中厂”实践

化的、集生产性实践活动和教学实践活动于一体的“校中厂”。

1 实施背景

在人才的培养过程中，辽宁机电职业技术学院和其他许多高职院校一样，都面临着学生知识匮乏、基础较差、缺乏自学能力和自控能力、逻辑思维不足等诸多问题，这就决定了高职教育必须走“工学结合”之路，学生在整个受教育过程中不再充当教育的客体，被动地接受教育，而是在整个受教育过程中发挥主体作用，通过生产实践、科研实践、技术服务实践和创业实践来实现自我教育和提升。长期以来，辽宁机电职业技术学院的投入相对不足，依靠学院自身的实力，很难把生产性实践活动和教育实践活动有机地融合在一起。

2 主要目标

辽宁机电职业技术学院与丹东中金投资实业有限公司合作，在共办理事会管理模式的二级产业学院——北方黄金珠宝学院的基础上，通过企业增加投入弥补学院自身投入的不足，在校内共建能够实现产品化的“校中厂”，并充分发挥企业在生产实践、科研实践、技术服务实践和创业实践等方面的优势，发挥高职院校在进行教育、教学、实践项目开发等方面的优势，把生产实践、科研实践、技术服务实践和创业实践等由单纯的价值创造过程转变成价值创造和人才培养双重过程，满足高等职业教育人才培养过程的需要。

3 工作过程

3.1 解决校企合作体制机制问题，激发企业参与举办职业教育的动力

辽宁机电职业技术学院与丹东中金投资实业有限公司、中国黄金协会联合创立了二级产业学院——北方黄金珠宝学院。珠宝学院由辽宁机电职业技术学院负责管理运行，丹东中金投资实业有限公司投资建设，中国黄金协会政策支持。珠宝学院采取理事会管理模式，下设管理委员会，校企双方共同制订了“理事会章程”，通过制订规范的校企合作体制机制，形成科学的管理制度体系，增强了行业协会、企业与高职院校合作办学的动力。珠宝学院作为中国黄金高端技能人才培养基地，解决了黄金珠宝行业的人才供给问题，并为企业培养了大量员工，从而使企业愿意出人、出资、出项目参与人才培养的全过程。

3.2　“校中厂”的基础设施建设和生产设施建设要满足生产性实践活动和教学实践活动的双层要求

要把生产实践、科研实践、技术服务实践和创业实践等由单纯的价值创造过程转变成价值创造和人才培养双重过程，在进行“校中厂”的基础设施建设时，要充分参考企业生产车间的基础设施建设规范，要有足够的电力、完善的上下水设施、符合消防规范的消防设施、易燃易爆品专存仓库、贵重物品专存仓库、有毒有害生产废料的环保处理设施等，还要充分考虑生产性实践活动和教学实践活动的双层要求，不能和企业生产车间一样拥挤。在“校中厂”中要建设投影教室，在“校中厂”走廊等位置要有先进技术和先进实践教学成果等的展示空间，同时要建设管理人员和教学人员的专用办公室，以及学生和教师从事生产实践、科研实践、技术服务实践和创业实践的工作室、会议室和外来人员接待室等。

“校中厂”生产设施的建设是按照工艺流程和方便物料供应的原则，同时考虑价值创造和人才培养双重过程的需要，把工艺流程上的每一个环节独立出来，单独建立一个生产车间或实训室。这样既考虑了生产技术、生产工艺的需要，又考虑了教学和实训的需要，让各个环节相互联系又相互独立，不因为杂乱而影响教学和实训，为提高“校中厂”的利用率打好坚实基础。

同时，教育应该是具有前瞻性的，“校中厂”的生产设备必须是经过科学调研，在同行业内处于先进水平又能代表未来发展方向的，不能用落后的设备培养学生。

3.3　在“校中长”内要实现企业文化和校园文化的充分融合

“校中厂”最核心的功能是实现了校园文化、企业文化和职业文化的深度融合。在“校中厂”内，由于企业的投入，实现了设备的先进性和工业化，促进了实训基地向生产性迈进，直接使生产实践、科研实践、技术服务实践和创业实践与人才培养过程紧密对接，实现了人才培养与人才需求无缝对接。在“校中厂”内，由于各种生产性实践活动与人才培养过程实现了充分对接，带动了高职院校人才培养模式的创新，为现代学徒制、“卓越技师班”、大师工作室和技术应用中心等人才培养模式的改革和发展提供了硬基础。以“校中厂”为平台，在促进高职院校的资源引入、专业建设、课程建设、师资队伍建设、人才培养模式创新等方面的全面提升的同时，满足了企业提升自身创新能力，解决了人才引进和储备等诸多难题，校企双方实现了共赢。在“校中厂”内，实现了各种生产性实践活动与人才培养的融合，即生产性职能与教育教学职能的融合；促进了校园环境和企业环境的融合，使校园文化与企业文化深度融合，校园文化与职业文化深度融合；创立了适合学生职业素养养成的优良文化环境。校园文化、企业文化和职业文化三者的深度融合，填补了高职教育培养追求极致“工匠精神”的短板，为“工匠精神”在高职教育的扎根创造了极佳的培养环境。

4 条件保障

4.1 关切企业利益

为了能更有效地吸引企业积极参与高等职业教育教学改革，使企业成为高等职业教育办学的主体，高等职业院校必须把关注企业利益放在首位，在办学体制机制的设计中要给予企业足够的话语权和决策权，并通过校企多层次互动和深层次融合，使得企业在优秀人才的选择、创新能力的提升等方面获得输入和补充。

4.2 要选择行业龙头企业进行合作

要在行业中选择具有龙头地位、技术领先、先进的管理理念和文化，并对高职教育有足够带动力的企业进行合作，这是因为只有在行业中占龙头地位的企业才有能力带动高等职业教育的发展，才有足够的投入力。

4.3 保证基本教育教学职能的实施为绝对条件

“校中厂”的基本职能依然是教育教学职能，其生产性职能必须与教育教学职能相互适应，不能只顾经济利益，超越人才培养的需要，无限度地扩大市场化运行。

5 实际成果、成效及推广情况

5.1 创建集教学实践和生产性实践等多功能于一体的创新型实习实训基地

北方黄金珠宝学院“校中厂”由学校和企业共同出资建立。“校中厂”内的设备本身就是生产性设备，具有生产性实践功能，可以直接进行生产实践、科研实践、技术服务实践和创业实践，同时任何实习和实训活动都是以饰品、工艺品、珠宝产品等为对象的设计活动、创新活动和生产活动。

玉雕大师工作室、“卓越技师班”、珠宝首饰设计与制作应用中心及首饰设计工作室等卓越人才培养和创新创业实体也充分发挥创新创业等功能。

教学上，形成“教室与车间一体、教师与师傅一体、学生与员工一体、作业与作品一体”的“产教一体”实践教学模式。

图 2　学生设计的产品

5.2　以“一通双融”为主线，以实践教学基地产品化为手段，打造创业教育基地和实践基地于一体的创新创业体系

北方黄金珠宝学院紧紧抓住创新创业教育不放松，以“一通双融”为主线，将创新创业教育贯穿人才培养全过程，融入素质教育、专业教育，以实践教学基地产品化为手段，打造创业教育基地和实践基地于一体的创新创业体系。

在实习实训过程中，以学生为主体的创新作品不计其数，正在孵化的创业项目包括“真·作”创意首饰工作室、丹东本土旅游纪念品开发与制作和以“互联网＋”土特产助力扶贫攻坚战的创业项目“丹东参蜜糖”等，累计孵化创新创业项目达到 8 个。

5.3　为人才培养模式的创新提供了充分的条件

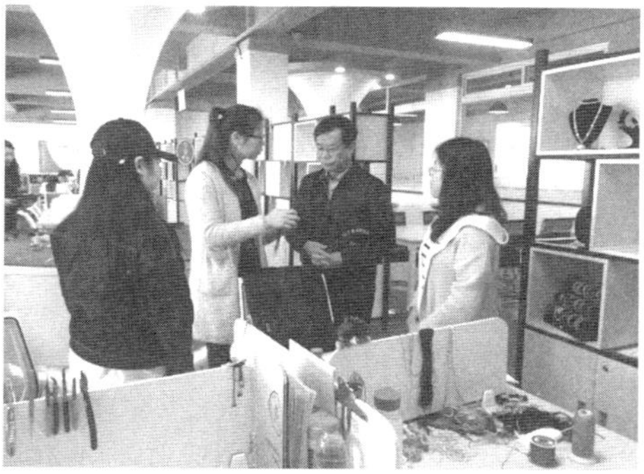

图 3　教师指导学生设计

“校中厂”的建立为宝玉石鉴定与加工专业“321”全程递进开放式人才培养模式实施创造了充分的条件。3 条主线（从原石材料到宝石产品过程，从宝石设计到宝石加工过程，从宝石鉴定到宝石营销过程）；2 个途径（途径一包括单项技能训练、综合技能训练、岗位生产操作、多岗生产轮训和顶岗定岗实习 5 个过程，途径二包括教学内容与岗位核心能力直通、实践教学与企业工作任务直通、课程考核与职业资格考证直通、顶岗实习与就业创业岗位直通 4 个直通）和 1 项活动（校内、校外活动，包括创新活动、创业活动、社会服务活动等

各种实践活动）都可以依托“校中厂”进行充分的实施，为培养“会选材、懂设计、能加工、通鉴定、善营销”的宝玉石鉴定与加工人才提供了基本的物质条件和环境。

6 体会和思考

经过多年的实践，北方黄金珠宝学院建立了集生产性实践活动和教学实践活动于一体的“校中厂”。“校中厂”充分发挥了教学实践、生产性实践和创新实践的功能，学生成为高职教育的主体，克服了高职学校的各种现实问题，人才培养效果显著。这些年来，北方黄金珠宝学院50%以上的毕业生在距离毕业还有一年的时间内就被相关企业以订单培养的形式录用。

虽然已经取得很大的成就，但也有需要反思的地方，尤其是产品化的“校中厂”以生产性实践活动带动了教学实践活动的发展，但生产性实践活动除了个别之处有亮点之外，整体上还处于低水平运行层次。我们以后要加大企业优秀人才的引入，使“校中厂”生产性实践活动整体运行达到企业同等水平。

（执笔人：栾雅春 赵东明）

第五部分
人才队伍建设篇

案例20

产教融合培育大国工匠后备军

——辽宁机电职业技术学院人才建设情况

[摘要] 辽宁机电职业技术学院以服务制造强国战略、促进产业转型升级和“提质增效”为己任，对接装备制造业发展趋势和人才需求，积极探索“产教融合、校企合作”新机制，优化服务企业人力资源，弘扬“工匠精神”，创新人才培养体制机制，提高人才培养质量。

[关键词] 人才建设；产教融合；供给侧改革；人才培养

辽宁机电职业技术学院始建于1965年，前身是辽宁仪器仪表工业学校，隶属辽宁省机械工业厅管理。2002年独立转设为辽宁机电职业技术学院，并划归辽宁省教育厅管理。现开设以机电类专业为主体、仪器仪表技术专业为特色的9个专业集群，共32个招生专业，拥有全日制在校生近万人。学院目前是全国机械行业骨干职业院校、国家数控技术紧缺人才培养基地、全国重点建设职业教育师资培训基地、辽宁省职业教育改革发展示范学校。2011年学院牵头组建辽宁仪器仪表职业教育集团。2014年学院荣获“全国黄炎培学校奖”。

学院秉承“依托行业、对接产业、服务辽宁”的办学传统，坚持“学历教育、职业培训、技术服务”并重发展的功能定位，围绕“学生满意、家长放心、企业欢迎”的办学目标，致力于走“‘区校企’联动发展，‘产学研’结合办学”的特色办学之路。近几年，学院为装备制造产业发展培养技术技能型人才近7000人，培训在职人员2万余人次，完成应用性技术服务项目300余项，毕业生年终就业率在98%以上。

1　产教融合发展，校企合作育人才

1.1　创新办学体制机制，校企共建二级产业学院

学院不断探索股份制、混合所有制办学体制机制改革，先后与辽宁曙光汽车集团、中国黄金集团公司、丹东华孚集团进行深层合作，共建了黄海汽车工程学院、北方黄金珠宝学院、华孚仪表学院3个二级产业学院。二级产业学院由企业投资建设基础设施、教学设备，学校负责运营管理，校企双方共同确定发展规划和办学章程，共同制订招生计划和人才培养方案，课程模式无缝对接产品制造与生产过程，企业成为学院的教学工厂，学院是企业的人才培养与培训基地。校企之间的深度合作使学生在学校和企业2个育人环境中获得成长，人才培养质量持续提高。截至目前，3家深度合作企业已累计投资3800万元，改造了黄海汽车工程学院校区基础设施，共建了汽车工程实训中心、黄金珠宝加工中心、智能检测与控制工程技术中心和智能物业研究中心。现3家合作企业的10余名中层干部和400余名一线技术技能骨干均是我院毕业生。

1.2　服务产业集群发展，牵头组建职业教育集团

2011年10月，学院会同仪表产业园区，联合中国仪器仪表学会、行业协会、仪器仪表科研院所、中高职学校，牵头组建了辽宁仪器仪表职业教育集团，目前会员单位已达106家。集团自成立以来，以项目建设为抓手，以专业建设为纽带，对接仪器仪表产业集群，实施“区校企”联动发展策略，通过搭建数字化学习平台、信息共享平台、“产学研”服务平台、中高职联合培养、共建就业基地等形式，为仪器仪表产业的发展提供技术服务和人力资源保障。截至目前，集团校企成员间已共同开发了工业过程自动化技术、工业自动化仪表等8个专业的人才培养方案；共同制订了电子仪器仪表与维修等36门课程的课程标准；校企共同开发《检测技术及仪表》《过程控制与自动化仪表》等28部教材；签订“四技”服务项目近千项，为企业创造经济利润达3000余万元。学院受邀先后在教育部促进中高等职业教育协调发展会议、辽宁省高等教育学会年会和全国职业教育集团化办学会议做集团化办学的经验介绍。

1.3　搭建“产学研用”联盟，联合成立技术应用中心

学院与丹东市政府、辽宁仪器仪表产业基地和科研院所合作，建立了辽宁仪器仪表产业基地工业技术研究院，建成仪器仪表产业基地科技信息

中心、丹东市“产学研”合作服务中心等4个公共技术服务中心；建成智能流量仪器仪表工程技术研究中心、射线仪器工程技术研究中心、智能电力仪表工程技术研究中心等7个专业研发机构。学院与丹东市经信委、丹东市科技局、哈尔滨工业大学威海分校等研发机构以及相关企业合作，依托校内兴科中小企业服务中心，建成自动化技术应用中心、智能检测与控制工程技术中心等9个教学实践与技术应用中心。中心以“专业＋企业＋科研院所”为基本组织模式，以“专家＋工程师（技师）＋教师＋学生”为成员模式，以“技术服务＋产品研发＋教学实践”为运营模式，为丹东市40多家中小微企业提供了技术服务、综合培训、管理咨询等方面的服务。仅2016年，技术服务到款额就达400余万元。因为社会服务能力方面的突出贡献，学院作为辽宁省唯一一家高校，在2016年11月底，被辽宁省企业服务局、辽宁省中小企业联合会授予“辽宁省优秀服务机构”荣誉称号。

2 供给结构改革，对接需求育人才

2.1 对接产业需求，同步设置专业

学院以提升振兴辽宁老工业基地服务能力为切入点，将专业设置与区域发展相结合，不断提高专业与产业集群的聚合度。校企通过成立专业建设指导与评价委员会、校企合作委员会等方式，合作共商人才培养、课程体系与课程资源建设等专业建设内容，停招、整合培养成效低的劣势专业，新增产业前景广阔的新兴专业。现智能控制技术、仪器仪表技术、装备制造技术、材料成型技术、汽车工程技术、珠宝加工、数字媒体技术、互联网技术、制造类服务业9个专业群，32个招生专业，打造了“一群一园一中心，一专多企一平台”的专业布局（学院设置的每一个专业群都要对接省内一家产业园，都要设置一个教学实践与技术应用中心；设置的每一个专业都要同多家企业合作，都要搭建一个“产学研”服务平台）。以此为基础，一大批合作企业直接或间接地参与教学、科研等多个环节，深化了“三型联动、三位一体、三层并进（资源共享型、合作共建型、深度融合型‘三型联动’，合作办学、合作育人、合作就业‘三位一体’，体制层面、课程层面、教学层面‘三层并进’）”的校企合作办学模式，人才培养目标定位更加具体明确。

2.2 对接企业需求，精准培育人才

学院对接装备制造企业发展需求，建立“前校后厂”，搭建实习、实

践与就业的“直通车”，实施“订单培养”“‘产学研’联盟”“卓越技师班”“现代学徒制”等人才培养模式改革，实现人才培养与企业需求、实习与生产、学习与就业3个“零距离”对接；实现教学内容与工作任务、实训场所与生产车间、学生身份与员工身份、教学管理与企业管理的4个“统一”；实现学院与企业发展战略、学院专业教师与企业技术人员、学院教育资源与企业生产资源的3个“一体化”。学院与对接企业直接开展岗位技能培训和岗前的心理培训，使学院人才培养与企业用工需求“无缝对接”，满足辽宁装备制造产业发展需要。

2.3　对接发展需求，推进“双创”教育

学校与丹东新区管委会、丹东精谷科技有限公司合作共建了12000平方米的创新创业学院。创新创业学院设有工业机器人应用实践中心、柔性制造创新实训中心、“产学研”一体化创研中心、大学生孵化中心和创新创业教育（培训）中心，引入了丹东高新技术创业服务中心（国家级科技企业孵化器）、丹东市电子商务平台、兴科中小企业服务中心等，为大学生创新创业提供了良好的环境和平台。学院按照职业教育“六个对接”和创新创业教育新要求，组织修订人才培养方案，设置创新创业学分，增设创业基础课、创新研发课、创业项目课，构建了“通识教育＋创新教育＋专门教育＋创业实践”四阶段渐进式创新创业教育体系，推行了基于个性化培养的“全过程、全方位、全覆盖”人才培养模式改革，把创新创业教育融入人才培养全过程。2016年，学院被辽宁省教育厅评为“辽宁省大学生创业孵化示范基地”，2017年，学院又以辽宁省高职院校初评第一名的成绩被教育厅推荐参评全国第二批深化创新创业教育改革示范校。

2.4　对接员工需求，开展职业培训

学院坚持“学历教育、职业培训”并重发展的功能定位，在办好学历教育的同时，开展了非学历教育培训。学院持续面向一线员工开展岗位技能培训，面向企业技术人员开展职业能力提升培训，面向毕业生就业困难群体和失业下岗群体免费提供技能培训，累计培训各类人员已达20000余人次，有效助推了就业工作。学院努力实现供需双侧深度融合，促进协同育人、协同创业、协同就业。

3　工匠精神引领，知行合一育人才

3.1　实施素质养成教育，提高学生职业能力

学院面向全体学生实施“525”大学生素质教育工程，通过打造5个

素质教育平台，构建 2 个素质教育保障机制，组建 5 支素质教育导师队伍，形成工匠精神引领的“大育人”格局。学院将学生在校的三年规划为三个阶段：大一为“职业认知阶段”，通过教师课上指导和学生加入专业社团的方式，学生了解专业，认识职业；大二为“专业精通阶段”，学生选择导师，进入不同的“卓越技师班”和专业导师班，可以了解职业方向，掌握专业技能；大三为“技能提升阶段”，学生进入企业学徒班或顶岗实习班，培养职业素养和实践动手能力。学院通过“525”大学生素质教育工程，实现职业素质教育全过程贯穿人才培养方案、全方位融入人才培养体系、全覆盖渗透人才培养环节。学院累计为装备制造产业培养了“专业技能好、动手能力强、岗位适应快、职业素养高”的技术技能型人才近 7000 人。

3.2 建设特色实训基地，提高学生创新能力

学院本着“自主开发为主，整体外购为辅，强化软件建设，适度硬件投入”的建设理念，按照“教室专业化，实验室实训化，实训室仿真化，实习基地企业化”的总体要求开发实训基地，通过师生自主研发实训设备、共同开发实训项目等方式，提升学生的创新能力和素质。目前，学院已自主开发、完成建设现场总线实训室、柔性生产新仿真实训室、PLC 综合实训室、电子技术技能综合训练实训室、数控机床维修实训室、自动控制实训室等 20 余个实训室，获得专利 30 余项，极大地提高了教师和学生的创新实践能力。

3.3 重视职业技能大赛，提高学生综合能力

学院以“技能大赛”为抓手，深化教育教学改革，持续推进内涵建设与发展，认真组织学生参加各项职业技能竞赛，强化学生职业技能水平、创新实践能力和职业综合素质培养。学院学生在国家、省级各类技能大赛中屡获佳绩，先后荣获奖项 142 项。其中，在国家级技能大赛中共获一等奖 5 项，二等奖 9 项，三等奖 18 项；在省级技能大赛和各类教学竞赛中，共获一等奖 26 项，二等奖 24 项，三等奖 27 项。学生参加职业技能大赛，全面激发了他们学技术、练技能的热情，多方位推动学院的教育教学改革，全面提高了学生的职业素质、创新创业精神和团队协作能力。

（执笔人：沈会超 王忠诚）

案例21

“三师三能”教师炼成记：八项制度约定，三大能力提升

[**摘要**] 师资队伍建设是提升人才培养质量的重要保障，职业教育教师最优的结构组成和发展方向便是教师、技师、工程师“三师联动”师资队伍，从而实现教师教育教学能力、生产实践能力、技术服务能力的“三能合一”。辽宁机电职业技术学院牵头组建了辽宁仪器仪表职业教育集团，创新运行机制，建立多方协同开展师资培训的新机制。工业过程自动化技术专业采用建设企业教师工作站、应用技术中心对接企业技术服务、建立青年教师下实训室制度等一系列措施，打造了一支“三师联动、三能合一”的高水平教学团队。

[**关键词**] 师资队伍；三师联动；三能合一；能力培养

随着现代社会的飞速发展，社会和企业对高等职业学院培养人才的综合能力提出了更高要求，因此对职业教师也提出了更高层次的发展新要求，而师资队伍建设是提升人才培养质量的重要保障。辽宁机电职业技术学院牵头组建了辽宁仪器仪表职业教育集团，创新运行机制，建立地方政府、行业企业、职业学校协同开展师资培训的新机制。

“师者，所以传道受业解惑也”，教师首先要能正确分析学情特点，运用先进的职业教育理念，采用信息化职业教育手段进行教学设计与实施，同时职业教育要紧密对接典型职业岗位，根据岗位活动设计教学过程，在基于工作过程的职业活动中突出职业能力和职业素养培养，教师只有是专业领域的技师，充分熟悉设备操作、调试与维护维修，才能充分培养学生的职业能力，包括知识运用、设备使用、分析解决问题、创新创造等核心职业能力。校企促进“产教研”深度融合的最有效途径就是职业教师参与

企业技术服务，而现代职业教育对大学生创新创业能力也提出了更高要求，最有效的培养途径就是吸纳学生参与教师科研课题或企业技术服务项目，因此职业教育教师最优的结构组成和发展方向便是教师、技师、工程师“三师联动”师资队伍，从而实现教师教育教学能力、生产实践能力、技术服务能力的“三能合一”。工业过程自动化技术专业采用以下师资培养途径打造了一支“三师联动、三能合一”的高水平教学团队。

1　建设企业教师工作站，打造企业师资培养基地

辽宁机电职业技术学院服务丹东仪器仪表产业，“区校企”联动发展，开展集团化办学，“产学研”紧密融合，校企共同开展师资队伍建设。

学院与辽宁仪器仪表职教集团企业紧密合作，在丹东华孚鸭绿江热电股份有限公司（仪表应用企业）、丹东耐能电器有限公司（仪表生产企业）设立企业教师工作站，校企共同制订管理制度，人员由校企专兼职教师组成。进驻“教师工作站”的教师按“教师工作站”的工作计划及协议条款从事相关的企业调研、管理、生产、研发等活动。“教师工作站”是实现教师“三能合一”能力培养的有效途径。教师通过入驻工作站深入了解行业技术发展水平，深入了解企业新工艺、新设备、新技能情况，积极参与企业相关项目的研发、产品的生产等，不断提高自身的生产实践能力和技术服务能力。

图 1　“耐能”教师工作站签约仪式

图 2　“华孚”教师工作站签约仪式

图 3　教师在“耐能”教师工作站工作

2 应用技术中心对接企业技术服务，强化教师技术服务能力培养

工业过程自动化技术专业依托“智能检测与控制工程技术”和“虚拟仪器技术应用”两个应用技术中心，对接辽宁仪器仪表产业基地的企业开展技术服务，其中智能检测与控制工程技术应用中心为学院与丹东仪器仪表产业研究院、哈尔滨工业大学、丹东华孚鸭绿江热电股份有限公司联合建设。学院积极鼓励教师深入技术应用中心开展科研活动，同时经验丰富、技术技能水平高的专业带头人、骨干教师可以带动青年教师的能力提升。目前，依托应用技术中心，教师开展横、纵向课题 20 多项，申请专利 3 项。

图 4 智能检测与控制工程技术应用中心

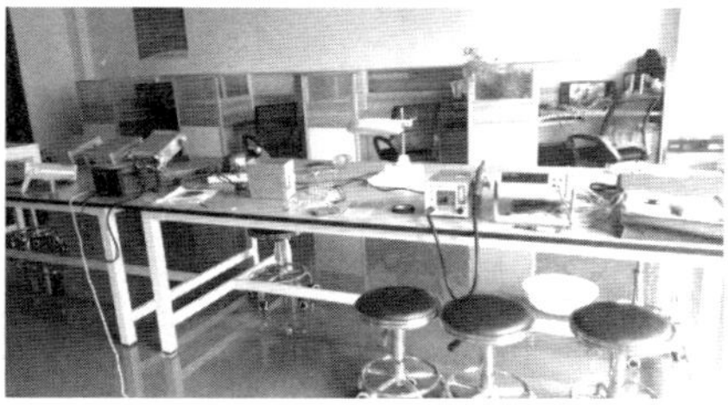

图 5 虚拟仪器技术应用中心

图 6 工业过程自动化技术教学团队

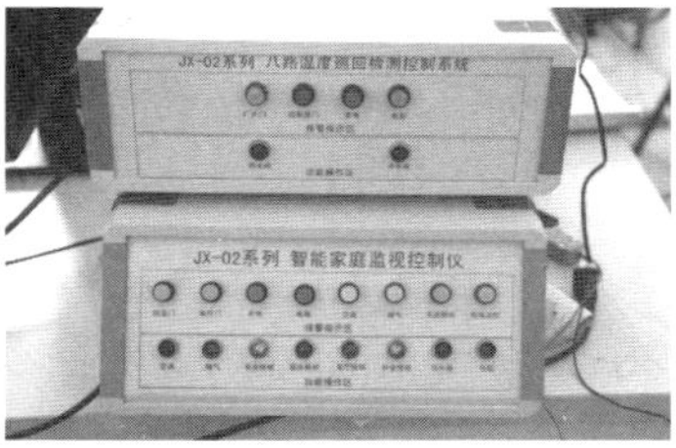

图 7 教师自主研制的部分产品

3 建立青年教师下实训室制度

为了快速提高青年教师的专业技能水平，仪器仪表专业群制订了青年教师下实训室制度，并聘请青年教师作为专业对口实训室的兼职管理人员，负责实训室设备维护维修、设备操作规程制作、设备使用培训等工作。这一举措充分锻炼了青年教师的生产实践能力，同时由于实训室采取

企业“6S”管理文化，也较好地提高了青年教师的职业素养。

图 8　部分教师下实训室锻炼图

4　通过职业教育理念与教学信息化师资培训提升教师信息技术应用和教学能力

学生“核心能力”的培养是职业教育课程教学目标的重点。为了更好地培养学生的自学能力、与人交流的能力、与人合作的能力、解决问题的能力、信息处理能力、创新能力等，教师在了解岗位设置、职业活动后，还要充分了解学情特点，掌握先进的职业教育理念，并具备应用信息化技术进行课程设计、教学实施、课程资源建设的能力。为了使教师掌握课程开发的方向和方法，工业过程自动化技术专业在每个学期的教学技能活动周均开展专项教师能力提升培训活动。

图 9 教师能力提升培训活动

5 组织教师参加行业骨干教师培训、技师培训班

为了使教师掌握自动化领域的新技术和关键技能，提升教师的课程开发能力、实践教学能力及专业建设能力，达到化工仪表维修工技师/化工仪表工高级工水平，并使教师成为具有先进职业教育理念，专业技能突出的自动化技术领域的“双师”，工业过程自动化技术专业鼓励教师参加行业企业组织的骨干教师培训班，并参加相关技师的评定。

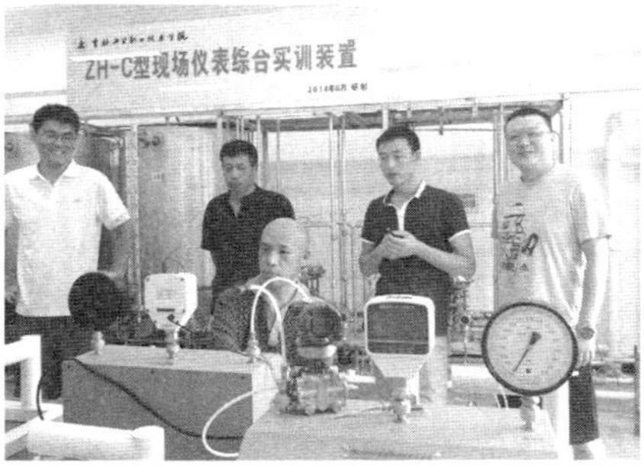

图 10 骨干教师培训班

6 参加职业技能大赛，按企业员工标准考核教师实践能力，提升技师能力

工业过程自动化技术专业为了提高教师生产实践能力，积极鼓励教师参加行业组织的职业技能大赛。2017 年，工业过程自动化技术专业 5 位骨干教师经过辽宁省预赛，参加了“川仪杯”全国首届仪器仪表制造工职业技能竞赛，本次参加决赛的选手是从各赛区 500 多名选手中通过预赛层层选拔上来的技术骨干，代表了全国仪器仪表行业的整体水平。因此，这次与企业技术骨干的同场比拼有力地促进了我院教师从事仪器仪表行业的岗位练兵。我们与全国仪表技术人才的技术交流、技术比武，对弘扬培育

“工匠精神”，加快培养教师的行业高技能起到了积极的推动作用。

图 11　教师参加职业技能大赛

7　参加教育教学活动竞赛，提升教师教育教学能力

工业过程自动化技术专业积极探索职业教育模式改革和理论与实践一体化课程设计方法，积极开展基于“6＋2”课程设计原则的课程整体设计、单元教学设计以及数字化教学资源开发，鼓励教师参加学院、省、国家各级教育教学活动竞赛，并通过竞赛平台提升教师的教育教学能力。

图 12　部分教师的获奖证书

8　邀请企业技术人员开展技术技能培训

校企开展技术交流活动，邀请企业技术人员开展教学仪器使用、新技术应用等培训讲座，提升教师掌握新技术的能力和生产实践的能力。

图 13　企业技术人员对教师进行培训

（执笔人：贾　涛）

案例22

多措并举促进学风建设持续向好

[摘要] 学风建设是高职学校的立校之本、发展之魂，它能够为高校教育改革提供软环境支撑，进而促进高职院校健康、全面、协调和可持续发展。学院坚持立德树人的根本任务，立足学生全面发展，努力构建“全员、全过程、全方位”育人格局，搭建文化育人、服务育人、活动育人、劳动育人、环境育人、管理育人长效机制。在确保思想、资金和时间条件保障的前提下，学院通过开展技能比赛、组建“兴趣小组”、开设第二课堂、师辅互动对接、学生干部引领等多种举措打造优良学风，取得了良好的育人效果。

[关键词] 立德树人；学风建设；育人；学生

1 引 言

学风建设是学院教育改革与发展需要研究解决的重大课题，是实现学院人才培养目标的重要保障。近几年来，学院按照有关文件要求，深入研究新形势下高职院校学风建设的特点规律，有针对性地采取了如开展技能比赛、组建“兴趣小组”、开展“第二课堂”、教辅互动对接、学生干部引领等多项务实举措，使学院学风建设取得长足进步。

2 实施背景

近年来，我国高等职业技术教育取得了长足进步，各高职院校在转变办学观念、教育综合改革、突出办学特色等方面也都做出了巨大努力，取得了一些成绩。但高职教育的改革与发展不与学风建设紧密结合，就难以达到理想效果。《教育部关于切实加强和改进高等学校学风建设的实施意见》（教技〔2011〕1号）提出，学风是大学精神的集中体现，是教书育人的本质要求，是高等学校的立校之本、发展之魂。这就要求我们必须高度重视高职院校学风建设，探索学风建设的有效途径，采取多种举措，树立良好学风，为高校教育改革提供软环境支撑，进而实现高职院校健康、全面、协调和可持续发展。

3　主要目标

我们要坚持立德树人的根本任务，立足学生全面发展，努力构建“全员、全过程、全方位”育人格局，搭建文化育人、服务育人、活动育人、劳动育人、环境育人、管理育人长效机制，培养学生社会责任感、创新精神和实践能力，创建“勤学、善思、诚实、求真”的良好学风，从而促进学生健康成长。我们要充分调动学生学习的积极性和主动性，从根本上激发学生的学习动力，营造一个良好的学习氛围；要建立学风建设的长效机制，教师与辅导员形成合力，相互配合，教学有方、疏堵有度，以良好的教风促学风；要注重校园文化，努力提升校园文化活动的品位；要开展丰富多彩的校园文化活动，积极拓展大学生的“第二课堂”，增强大学生对专业的认同感、归属感，使学生回归求学原点，走进课堂、走下网络，走向操场、走出寝室，培养健康、向上、乐学、善思的合格大学生。

4　实施过程

4.1　开展技能比赛，从“有想法”到“有成果”

技能大赛是促进人才培养模式实施、校企合作和教育改革的重要途径，是检验职业教育教改成果、教育质量和办学水平的重要手段。通过组织技能大赛，学生的专业技能得到锻炼，专业素质得以提高，从而促进学生从“不学习”到“想学习”，从“想学习”到“会学习”的转变。各系（院）依托学院的技能活动月，针对每个专业的基础课程开展活动，如电子维修大赛、组态大赛、Prote199SE制图大赛、电子元器件识别大赛等。通过大赛，学生既能对专业基础知识进行重温，又能形成常态化，形成良好的循环体制。学院从这些比赛中选拔优秀学生参加省赛或国赛，取得较好成绩。2016年以来，我院学生获得省级以上大赛奖项10余项，获奖学生人数达20余人。

图 1 学生参加技能大赛

4.2 组建“兴趣小组”，从“被动管”到“主动学”

学生上晚自习是我院在学生管理工作中一直保留的优良传统。学生可以利用晚自习总结一天所学，预习、复习功课，感受学习氛围，融洽同学关系等，好处多多。但是有的学生缺乏自律意识和自觉性，上晚自习时出工不出力，应付检查的情况比较普遍。鉴于此，我院大胆创新，提出以参加“兴趣小组”代替传统的晚自习，把每个人的优点最大化，让有特长的学生带着有爱好的学生，利用晚自习，参与自己所爱好的活动中去。

以华孚仪表学院为例，现开设的“兴趣小组”有 9 个：单片机（指导教师孟冉）、电子绘图（指导教师程权成）、电子焊接（指导教师关长伟、李福军）、跆拳道（社团部部长袁成明——黑带三段）、舞蹈协会、主持人协会、棋类协会、篮球协会、田径协会。“兴趣小组”组织开展的活动丰富了晚自习内容，让学生有事可做、乐做，也能做得好。

图 2 学生在参加“兴趣小组”活动

4.3 开设第二课堂，从“没人干”到“互相帮”

各系（院）根据自己的专业特点，选派系（院）里青年教师担任第二课堂的指导教师，对有爱好的学生，进行培训指导。各系（院）通过开设第二课堂，培养优秀学生，培养实训室管理员、机房管理员，增强学生的实践能力。利用第二课堂，展播专业工程视频、励志电影、优秀电视节目，激发学生学习兴趣；开展学习经验交流会，大二、大三中品学兼优的同学可以为大一新生分享经验，带动新生尽快进入状态。

图 3　学生在参加第二课堂活动

4.4　师辅互动对接，从“时常堵”到“实时通”

以前，教务管理部门、任课教师、辅导员信息沟通不畅，经常出现辅导员掌握到课情况不及时、任课教师对学生活动不知情、教务管理部门教学信息不共享等管理盲区和漏洞，影响了教学质量。为此，我院充分利用新开发上线的教务管理系统、学工管理系统和 QQ 群、微信群进行实时信息沟通。例如，每天上课前，辅导员在群里发布当日请假学生名单和活动计划，任课教师实时掌握学生到课情况和当日活动，学生无机可乘，修补了管理漏洞。再例如，教务处将检查督查情况及时公布在办公系统和群里，方便辅导员第一时间发现问题，及时解决问题，避免问题积重难返。这些措施的施行，有效维护了正规的教学秩序，大幅度降低了学生的违纪行为的发生率。

4.5　学生干部引领，从“过得去”到“过得硬”

学生干部是学风建设的重要群体，抓住学生干部的学风建设，有利于形成良好的学习氛围。我院制订硬性措施：学生干部期末考试有不及格科目，给予停职；学生干部工作时间必须挂牌，既可以表明身份，也便于普通同学监督；对学生干部课堂出勤、纪律、学习状态、课堂表现等情况进行评价，由辅导员亲自收发考核表，由任课教师每月进行考核。这些措施的施行，使辅导员能够及时全面地了解学生干部的学习情况。对于学习态度不端正、学习存在困难以及没有起到引领和示范作用等情况的学生干部进行及时教育和督促改进，这样学生干部的淘汰率大大降低。同时，我院探索了学生干部参与学长辅学的制度。针对不同年级学生特点，采用“一对多”“一对一”等形式，通过报告会、座谈会、谈心交心等多种方式，发挥优秀干部学长在学习、规划和管理方面的优势，帮助后进学生科学制订个人发展规划，合理安排学习、工作和生活，为他们尽快赶上学习步伐起到了很好的带动作用。

5 条件保障

5.1 思想保障

高度重视、深入学习、广泛宣传、统一思想，师生、员工充分认识到学风建设对学校建设和发展的重大意义，在全校范围内形成共识，营造人人为学风建设做贡献的良好氛围。

5.2 资金保障

学院划拨建设资金，继续加大对学风建设的投入，进一步改善学院的教学条件和教学环境。做好资金使用的专项建设方案，使资金投入发挥最大的效益。

5.3 时间保障

学风建设工作时间紧迫，必须分秒必争。各部门根据工作计划的进度安排，对各阶段的工作任务进行合理分解，并且充分利用假期时间，确保按时完成各项建设任务。

6 成果与成效

我院“以赛促学”、因材施教，多措并举促进学风建设，形成了良好的学习氛围。学生在专业知识的学习和掌握上，有了较好的提高，全院各班上课平均出勤率达到了97%以上，迟到率在2%以下，上课吃东西现象明显改观，达到预期要求。晚自习平均出勤率达到96%，很多班级能够充分利用晚自习的时间。通过“兴趣小组”、“第二课堂”、技能大赛，学生了解自我，发现自身优势，用特长带动学习，用动手实践带动兴趣爱好，起到了较好的良性循环。学生的专业技能有所提高，从而促进就业。

7 体会与思考

我院在学风建设上虽然取得了一定的成绩，但仍存在不足，我们应该再接再厉，不断开拓创新，在全院师生的共同努力下，创造学院学风建设的新辉煌。

第一，部分学生不能够尽快完成从高中到大学的角色转变。在学习上，高中有老师的安排和布置，进入大学以后所有事情都要靠自己，这使得有些同学不知所措，导致各方面都不适应，从而影响学习。高中的学习和生活是十分紧张和辛苦的，而大学的生活是缤纷多彩、自由自在的，挣脱了家长和教师的束缚的大学生放松了对自己的要求，在学习上缺少持之以恒、勤奋刻苦的精神。

第二，有些学生缺乏人生目标和理想信念，对自己的大学生活没有合理的规划，认为上大学只为了混一张大学文凭，导致学习动力的不足。

第三，我院的学风建设方案在不断地完善和调整。例如，在之前的“兴趣小组”替代晚自习上，有学生存在逃晚自习的现象。后来，所有的“兴趣小组”都提前进行预报名和考核，最终确定参与人数，这样就杜绝了学生利用小组多，检查困难，逃晚自习的情况。

（执笔人：吴志丹　韩丽娜）

案例23

以人为本，开拓创新，全面推进辅导员队伍建设

［摘要］辅导员是高校教师队伍的重要组成部分，是大学生思想政治教育工作的骨干力量，是保证高等教育事业持续健康发展不可缺少的重要力量。学院通过改进量化考核工作、创新辅导员职业能力大赛、强化团队素质拓展训练等方式，提升辅导员个人素质，推进辅导员队伍建设。

［关键词］以人为本；辅导员；量化考核

1　实施背景

高校辅导员是大学生日常思想政治教育和管理工作的具体组织者和实施者，是大学生健康成长的引路人和知心朋友，承担着培养人、教育人的重要职责，是保证教育事业持续、健康发展的重要力量。近几年来，辽宁机电职业技术学院坚持立德树人的根本宗旨，推出多项特色创新措施，以强化管理教育为重点，以深化培养培训为突破点，切实构建长效制度机制，持续加强辅导员队伍建设，取得了显著成效。

2　主要目标

从整体上看，辅导员队伍在逐年完善，但是还存在着很多亟待解决的问题。例如，高职院校的扩招导致学生数量不断增多，增加了辅导员的工作压力，同时学生的个性化差异越来越明显，增加了思想政治建设的难度，加上高职院校为了减少成本开销，不愿意加大辅导员人才的引进力度，因此更加加剧了辅导员队伍的不稳定性。长此以往，必然造成辅导员队伍的人才流失。面对辅导员队伍职业化建设的新课题，学院坚持一切从实际出发的原则，根据学院自身的情况和特点，从多个维度出发，综合考

虑如何建立一支高水平的辅导员队伍，提高大学生思想政治教育工作质量。

3 推进辅导员队伍建设的特色做法

3.1 改进辅导员量化考核工作

党委学生工作部于2016年3月在广泛调研基础上，重新修订了《辅导员量化考核办法》，这使得对辅导员的考核更科学、更全面。修订后的《考核办法》将考核分为量化和测评两大部分，并且团总支书记单独考核。将量化考核与升降级别挂钩，建立激励机制。以往的辅导员考核工作由党委学生工作部完成，修订后的考核工作由各院系和党委学生工作部共同完成。各院系组成辅导员考核工作小组，负责本院系辅导员的考核工作。以往的辅导员考核工作仅由量化考核组成，改进后的考核工作加入了测评环节，测评分为学生测评、院系测评、学工部测评。量化考核占70%，测评占30%（学生测评占10%、院系测评占10%，学工部测评占10%）。

3.2 创新辅导员职业能力大赛

学院于2016年4月全面启动了第五届辅导员职业能力大赛。此次比赛是我院第一次将案例分析、主题演讲和谈心谈话这3个比赛环节纳入赛制当中。案例分析考察了辅导员分析问题、解决问题的能力；主题演讲考察了辅导员逻辑思维及讲授能力；谈心谈话考察了辅导员对相关政策、学生特征、学生成长成才规律的了解把握及对学生的教育引导能力。整个比赛既展示了辅导员个人的工作能力和理论功底，又进一步凸显了我院辅导员对学生的关心、关爱和关怀。

图1 辅导员职业能力大赛"笔试"现场

图2 辅导员职业能力大赛"案例分析"现场

图 3　辅导员职业能力大赛“主题演讲”现场

图 4　辅导员职业能力大赛“谈心谈话”现场

3.3　探索辅导员工作新方法

针对辅导员工作实际情况，以辅导员大赛为依托，开展模拟案例分析和谈心谈话工作。以系（院）为单位，针对学生思想政治教育工作中的重点和难点问题，结合工作实际情况，总结、提炼、形成案例分析和谈心谈话的实际案例。采取角色扮演、角色互换的方式，模拟进行案例分析和谈心谈话，注重提升辅导员实际问题的解决能力、突发事件的处置能力、重点问题的分析能力和难点问题的掌控能力。

3.4　注重辅导员个人能力提升

一是加强培训，注重素质提升。学院每年利用寒暑假举办两次集中专题培训；以系（院）为单位，每学期进行至少两次专题培训；开设新聘辅导员专题培训班，每月至少培训一次；积极参加省里组织的各项培训。学院通过四种强化培训，在较短时间内使辅导员素质得到明显提高。

二是积极开展教科研立项，注重思政专项论文的研究，夯实理论基础。学院针对大学生思想政治教育工作实际情况，创新工作方法，开拓创新思路，以提高人才培养质量为目标，新开设了思政专项立项研究。辅导员积极开展各类教科研课题研究，依托本职工作，注重思想政治教育论文的撰写，目标成果紧靠工作实际，并切实运用到工作之中，全面提升辅导员队伍的理论基础。

3.5　强化团队素质拓展训练

素质拓展训练源于第二次世界大战时期的军事训练，后来为了适应社会、文化发展，演变成对参训者心理、思维、自我管理、沟通能力和组织能力的综合性训练。其特点是“体验”和“管理”，内容主要为游戏体验，参训者参与热情高，效果理想。在辅导员队伍中开展素质拓展和心理行为训练，能够提升辅导员队伍的团队整体意识和沟通协作意识。在实际工作中，党委学生工作部每月组织一次辅导员队伍素质拓展训练，时间为每个月的第二周的周二下午，实际效果显著。

4　推进辅导员队伍建设的创新性分析

4.1　具有前瞻性

我院辅导员队伍建设能够深入推进《高等学校辅导员职业能力标准（暂行）》和《普通高等学校辅导员培训规划（2013—2017 年）》的贯彻实施，进一步加强我院辅导员队伍专业化、职业化和系统化建设。

4.2　具有开创性

《辅导员量化考核办法》在原办法的基础上有了进一步的改进。第五届辅导员职业能力大赛是我院第一次尝试将案例分析、主题演讲和谈心谈话这 3 个比赛环节纳入赛制当中，在往届比赛的基础上，有了新诠释、新发扬。

4.3　具有示范性

在示范性高职院校建设中，加强辅导员队伍建设，对于提升大学生思想政治教育质量，发挥我院在大学生思想政治教育工作中的引领和示范作用具有重要意义。

4.4　具有推广性

我院辅导员队伍建设建立了长效机制，在实践中形成了具有推广价值的系统化工作方式方法，开展比赛和活动还保留了完整的影像资料，对其他部门有启发和借鉴意义。

4.5　具有实效性

抓好辅导员队伍建设，能够增强辅导员专业技能，提高辅导员业务素质，促进辅导员队伍专业化、职业化和系统化建设目标的快速完成；能够激发辅导员的工作热情，规范辅导员的工作开展，提升辅导员的职业地位，提高辅导员的工作科学化水平，从而进一步加强和改进大学生思想政治教育工作，促进大学生全面健康成长。

5 体会与思考

5.1 辅导员队伍发展机制的建立还需要进一步完善

在以往实践型辅导员团队建设的基础上，建设一支学习型、研究型的辅导员团队，我院还有一段路要走。建立经常性的学习、培训，提高制度建设，努力建设学习型辅导员团队，是当前和今后我院辅导员建设所要坚持和推进的一项重要工作。目标是提升辅导员的政治素质、理论水平以及解决实际问题的能力，重点是加强学生辅导员思想政治教育工作，加强改进思想政治工作方法、心理健康教育和职业发展指导等方面的培训。

5.2 辅导员队伍的工作职责不明

虽然目前学院已制订了辅导员工作职责，但由于各种原因，未能很好地在实践中贯彻落实。辅导员成了谁都可以管，什么都可以做的“万金油”人员。要把思想政治教育工作当成辅导员工作的出发点和落脚点，改变“上面千条线，下面一根针”的现状，把辅导员从学生“保姆”“消防员”“勤务兵”的角色中解放出来，进一步明确其岗位职责，提高其工作效率，保障其工作质量。

“工欲善其事，必先利其器。”我院会一如既往地将辅导员队伍建设作为加强和改进大学生思想政治教育的一项重要工作来抓，作为学院发现人才、培养人才、使用人才的一项重要战略来抓，不断开拓新渠道，探索新做法，使辅导员真正成为大学生思想政治教育工作的有力实施者和有效创新者，努力开创我院辅导员队伍建设的新局面。

（执笔人：吴志丹）

第六部分

服务产业能力建设篇

案例 24

产教融合、校企合作，技术服务助力区域经济发展

[摘要] 如何充分发挥高职教育在国家创新驱动发展战略和技术转移体系建设中应有的作用，大力促进技术成果转化，进一步提升高职教育的技术应用服务能力，是目前高等职业院校急需解决的问题。辽宁机电职业技术学院通过搭建平台、“政校企”合作、成立创新创业学院等方式进行技术服务，取得了较为突出的成果。

[关键词] 技术服务；协同创新；技术应用

辽宁机电职业技术学院始建于 1965 年，前身是辽宁仪器仪表工业学校，隶属辽宁省机械工业厅管理。2002 年独立转设为辽宁机电职业技术学院，并划归辽宁省教育厅管理。现开设以机电类专业为主体、仪器仪表技术专业为特色的 9 个专业集群，共 32 个招生专业，拥有全日制在校生近万人。学院目前是全国机械行业骨干职业院校、国家数控技术紧缺人才培养基地、全国重点建设职业教育师资培训基地、辽宁省职业教育改革发展示范学校。2011 年学院牵头组建辽宁仪器仪表职教集团。2014 年学院荣获“全国黄炎培优秀学校奖”。

学院秉承“依托行业、对接产业、服务辽宁”的办学传统，坚持“学历教育、职业培训、技术服务”并重发展的功能定位，致力于走“‘区校企’联动发展，‘产学研’结合办学”的特色办学之路，完成应用性技术服务项目 300 余项，获得专利 134 余项，实现技术服务到款额 1300 余万元。

1　更新理念谋划技术应用

学院以提升为振兴辽宁老工业基地服务能力为切入点，将专业设置与区域发展相结合，不断提高专业与产业集群的聚合度，打造了“一群一园一中心，一专多企一平台”的专业布局（学院设置的每一个专业群都要对接省内一家产业园，都要设置一个教学实践与技术应用中心；设置的每一个专业都要同多家企业合作，都要搭建一个‘产学研’服务平台）。以此为基础，一大批合作企业直接或间接地参与教学、科研多个环节，推进应用技术的研发服务，促进企业技术技能积累。学院按照科研选题地方化、科研内容应用化、科研成果产业化的思路，坚持对接产业发展需求、对接专业发展需求和对接企业发展需求的原则，通过与企业结合、与兄弟院校结合的方式，开展应用科研工作，助力区域经济发展，形成了“三化、三对接、两结合”的科研服务社会发展模式。为保障应用科研的开展，促进技术成果转让，学院成立科研处，并下设校企合作处和科技成果转化中心，负责校企间横向技术服务工作的开展和技术成果转让、技术开发、技术咨询、技术服务、技术培训等工作。为鼓励教师从事技术创新与应用工作，学院改革教师考核评价和职称评定的办法，将科技成果和产业化等指标作为评价的重要依据。同时，学院为自主创业教师和开展科研与技术服务项目教师提供专用场地，通过免收场地租金、承担专利申请服务费用等方式，有效调动了教师从事应用技术研发工作的积极性，有效提升了学院服务区域社会经济发展的能力。

2　搭建平台促进技术研发

2008 年，学院经辽宁省教育厅、辽宁省中小企业厅、辽宁省国家税务局、辽宁省地方税务局、辽宁省工商行政管理局批准，建立了辽宁机电职业技术学院兴科中小企业服务中心。兴科中小企业服务中心对接丹东市重点产业集群，下设丹东市工业设计中心、丹东市模具研究与设计中心、丹东市互联网技术应用中心、智能检测与控制工程技术研究中心 4 个市级技术应用中心和自动化技术、机械工程技术、电子商务技术、汽车工程技术、焊接检测工程技术 5 个院级技术应用中心。兴科中小企业服务中心以“专业＋企业＋科研院所”为基本组织模式，以“专家＋工程师（技师）＋教师 ＋学生”为成员模式，以“技术服务＋产品研发＋教学实践”为运营模式，为丹东市 40 多家中小微企业提供了技术服务、综合培训、管理咨询等多方面服务。仅 2016 年，技术服务到款额就达 400 余万元。由于在社会服务能力方面的突出贡献，学院作为辽宁省唯一一家高校，在2016年11月底，被辽宁省企业服务局、辽宁省中小企业联合会授予“辽宁省优秀服务机构”荣誉称号。

3 “政校”合作放大技术服务

2010年，学院与丹东市政府、辽宁仪器仪表产业基地和科研院所合作，建立了辽宁仪器仪表产业基地工业技术研究院，建成了仪器仪表产业基地科技信息中心、丹东市“产学研”合作服务中心等4个公共技术服务中心；建成了智能流量仪器仪表工程技术研究中心、射线仪器工程技术研究中心、智能电力仪表工程技术研究中心等7个专业研发机构。辽宁仪器产业基地工业技术研究院成立以来，不断为仪器仪表产业发展提供技术研发和成果转化服务，仅我院教师就完成“JB-4CH精编送经测长仪”“ZRZ-06型钟罩式燃气表自动鉴定仪”等几十项科研成果，取得专利50余项。辽宁仪器仪表产业基地工业技术研究院现已成为仪器仪表产业基地研发服务体系的重要支撑平台。

4 创新发展孵化技术项目

2017年初，学院与丹东新区管委会、丹东精谷科技有限公司合作共建了12000平方米的丹东新区创新创业学院。创新创业学院设有工业机器人应用实践中心、柔性制造创新实训中心、“产学研”一体化创研中心、创新创业孵化中心和创新创业教育（培训）中心，引入了丹东高新技术创业服务中心（国家级创业服务中心）、丹东市电子商务平台等服务机构，为大学生创新创业提供了良好的环境和平台。目前，创新创业学院已有8个技术应用中心和7个教师自主创业企业入驻其中，已成为国家级科技企业孵化器。2016年，学院被辽宁省教育厅评为“辽宁省第四批大学生创业孵化示范基地”；2017年，学院又以辽宁省高职院校初评第一名的成绩被省教育厅推荐参评全国第二批深化创新创业教育改革示范校。

5 个性培养助力“双创”教育

学院探索、建立以创新创业为导向的人才培养机制，完善“产学研用”结合的协同育人模式，将创新创业教育与专业教育紧密结合，以培养学生创新精神、创业意识、实践能力和创新创业能力为重点，改革人才培养模式，全面实行“产教融合、校企合作”育人模式。学院按照职业教育“六个对接”和创新创业教育新要求，组织修订人才培养方案，设置创新创业学分，增设创业基础课、创新研发课、创业项目课，构建了“通识教育＋创新教育＋专门教育＋创业实践”四阶段渐进式创新创业教育体系，推行了基于个性化培养的“全过程、全方位、全覆盖”人才培养模式改革，把创新创业教育融入人才培养全过程。学院大力推行教学考核模式改革，实施非标准模式课程考核，全面实施实训非标准考核模式，推行以“作品”代替试卷的考核方式，每年推出一大批体现学生创新能力的“作品、产品、商品”。其中，机电类专业学生的“作品”多次获得省、市大赛成果奖；宝玉石鉴定与加工专业学生设计的“作品”在丹东市珠宝首饰沙龙展出，深受参会企业喜爱，并被相关企业采用。

6　设备共享推广科研成果

学院与丹东市政府和相关企业合作，建立了辽宁仪器仪表与自动化技术公共实训基地。公共实训基地内的 64 个实训室、5400 余万元的实训设备免费面向仪器仪表产业园区内各类职业院校、社会职业技能培训机构和企业使用，为企业员工培训、技术技能人才培养、企业技术服务和创新团队培育搭建平台。同时，学院本着“自主开发为主，整体外购为辅，强化软件建设，适度硬件投入”的建设理念，按照“教室专业化，实验室实训化，实训室仿真化，实习基地企业化”的总体要求开发实训基地，通过师生自主研发实训设备，共同开发实训项目等方式，提升师生的创新能力和素质。目前，学院已自主开发完成现场总线实训室、柔性生产新仿真实训室、PLC 综合实训室、电子技术技能综合训练实训室、数控机床维修实训室、自动控制实训室等 20 余个实训室，极大地提高了教师和学生的创新实践能力。

7　资金投入保障研发应用

为保障学院技术创新与应用工作的开展，学院设立科研启动资金，每年投入 200 万元专门经费，用于教师的科研工作；每年投入 20 万元，用于购买中国知网的使用和查重权，帮助教师第一时间获取相关技术的最新信息，保护教师应用成果产权；与企业合作，每年投入 400 万元创业基金，鼓励师生从事创新创业工作。同时，学院先后投入了 500 万元进行创新创业学院和教学实践与技术应用中心的建设，全力支持技术创新与应用工作。

（执笔人：沈会超 王少岩）

案例25

“小发明”助力企业逆境突围，“大情怀”带动科研实力提升

[摘要] 自动化技术应用中心隶属于辽宁机电职业技术学院兴科中小企业服务中心，是自动控制工程系集教学、科研、产品开发、技术服务为一体的技术服务平台。通过改造老产品、研发新产品、技术帮扶等途径，自动化技术应用中心在“小发明”中助力企业逆境突围，带动团队科研实力提升。

[关键词] 自动化技术应用中心；助力企业；科研实力

自动化技术应用中心隶属于辽宁机电职业技术学院兴科中小企业服务中心，它是自动控制工程系集教学、科研、产品开发、技术服务为一体的技术服务平台。目前，自动化技术应用中心拥有2个科研团队，常驻科研人员10余人，主要研究方向为机电一体化、自动化控制、智能设备、机器人技术等。科研人员可熟练应用单片机控制技术、可编程控制技术、气动控制技术于研发产品和技术服务中。自动化技术应用中心自成立以来，围绕“产学研”合作、科技创新、科技成果转化、教师队伍建设和人才培养、技能大赛、骨干教师培训、“卓越技师班”培训等工作，开展了卓有成效的创新探索，取得了显著成效，为该中心的创新跨越、持续发展奠定了坚实的基础。

2016年，自动化技术应用中心受丹东科技局委托，组织技术服务团队对位于辽宁（丹东）仪器仪表产业基地的丹东惠凯感应器有限责任公司开展科技定点帮扶活动。

丹东惠凯感应器有限责任公司已成立20多年，专门从事红外感应节水器、洗浴设备控制器等节能产品的研发、生产、销售，是行业中的龙头

企业，在全国产品市场的占有率曾达到70%以上。近年来，随着洗浴行业规模迅速扩大，服务档次不断上升，对相关产品技术的水准要求也不断提高。惠凯公司由于技术力量薄弱，产品更新换代速度较慢，再加上同行业其他公司的快速发展的竞争冲击，公司原有产品已无竞争优势，市场份额不断下降。丹东惠凯感应器有限责任公司作为丹东科技局重点扶持企业，现实困境的逼迫使得企业向丹东市科技局求援："我们渴望科技人才，开发新的、性价比较高的产品，我们要提升竞争实力，应对危机，焕发企业青春，重振雄风。"

丹东科技局与学院校企办联系，校企办紧急组织自动化技术应用中心科技服务团队进驻企业进行调研。经过详细的调研规划，自动化技术应用中心决定针对企业的现状，重点对老产品进行升级改造，解决燃眉之急，帮助企业渡过难关。

1　改造老产品

自动化技术应用中心对惠凯公司的老产品的技术指标进行了重新测试评估，重点对返厂量大的产品进行剖析，不管是电路、元器件，还是在生产过程中不够严谨的产生问题等，都一一诊断，分类找出原因所在。

企业一款老产品——A销售量很大，但会偶尔出现信号失灵的情况，返厂后进行常规反复测试也未找出原因，企业无奈，只好解释为客户使用不当。自动化技术应用中心进驻企业后，对老产品A进行严格测试，经周密分析后发现，设备出现异常时，电源功率已超过额定功率，但由于电源波动小很难发现，最后诊断为电源功率不足，更换电源后产品可靠性大大提升。

企业一款老产品——B显示数据偶尔会突然跳变，企业经过多次试验也未能解决问题。自动化技术应用中心的技术服务团队审查原电路设计图时发现，企业为了降低成本，忽视处理信号的运放电源，而问题就是由电源未做成对称所导致的。

企业一款明星老产品——C功能二十年未变，电路器件集成度不高，板件连线过度，调试烦琐，整体加工工序较多，在原产品上增加一点功能都显得困难。但由于按键少、操作简单，成了企业的明星产品。老产品C有一个缺点，用于测温度的传感器如安装位置不达标，会造成显示温度与实际温度略有偏差，要求严格的客户时常提出增加修正温度偏差的要求。企业因原设计工程师已离职，担心重新设计可能破坏原布局，还会增加成本，一直未敢升级。自动化技术应用中心的技术服务团队尊重产品现实，保留原面板的布置格局及操作方式，针对新增功能不常用的特点，巧妙地将修正键隐藏于面板后，并对产品的控制软件重新进行了升级。成本增加不大，却满足了客户的需求。

一年多的时间，自动化技术应用中心的技术服务团队先后为企业多款老产品进行了升级改造，有的是降低产品器件成本，有的是提升功能，有的是减少生产工序，有的是改良传感器，有的是引进新工艺、新材料，等等。随着对老产品潜藏问题的逐一解决，经过半年市场检验，产品返修率明显降低，企业产品销售量猛增，成本大大降低。

2　研发新产品

在对丹东惠凯感应器有限责任公司进行老产品升级改造的同时，自动化技术应用中心的技术服务团队对新产品进行了研发设计。由于洗浴行业发展迅速，逐渐形成了“前端设备豪华化，后端设备集成化，整体装修高端化”的趋势。市场催生的产品日新月异，如果企业故步自封，就会被市场淘汰。自动化技术应用中心的技术服务团队根据企业和客户反馈的信息和建议，选立研发课题，广泛市场论证，制订研发计划。下面介绍一款新产品——低功耗温湿度显示仪的研制过程。

2.1　新产品背景

为了确保人身安全，规定安装在洗浴室内的温湿度仪表的工作电压不得超过 12V，用交流 220V 供电是绝不允许的。新建设的洗浴室一般先铺设 12V 进户电源，为后续安装的设备供电。但有的新装修洗浴室为降低成本或嫌麻烦，就不铺设 12V 电源线，特别是早已装修好的洗浴室，更无法重新铺设供电的电源线。针对上述无法提供 12V 电源的场所，洗浴室内安装的温湿度仪表常选用电池供电。一般洗浴场所环境的水汽大，时常结水雾，显示温度、湿度等的仪表因工作环境的特殊性无法采用节能的液晶屏做显示器，必须用本身就不节能的 LED 数码管做显示器，且为便于观察数字，用于显示的数码管往往选的较大。这就造成仪表耗电较高，电池供电连续工作不超过 3 天，就得给电池充 1 次电，有时管理不到位，忘记充电，电池用枯后，就再也充不上电了。增加电池容量会延长仪表的工作时间。但是由于产品市场销售的竞争，目前业内仪表用的电池价格一般在百元左右，盲目增加电池容量，整机成本会翻倍，这种方式是不可取的。针对目前业内供应商无一家成功解决延长用电池工作的温湿度仪表的工作时间的难题，自动化技术应用中心的技术团队决定研制新产品。

2.2　新产品实施

组织科研人员分工合作，具体实施电气电路设计。

前提条件：研发新产品功能不变，电池容量不变，新产品成本可略增加，但增加不高出原成本的10%，设备必须可连续工作7天。

解决的关键性问题：(1) 控制核心用的微处理器低功耗；(2) 电路能管理数字显示屏；(3) 电路能管理电池。

创新点：(1) 电池容量不足时完全切断电池供电电路；(2) 整机工作在间歇睡眠状态；(3) 整机电路低功耗设计。

设计思路：(1) 微处理器选用低功耗MSP430单片机，数字显示屏器件选用高亮度数码管，电池管理电路选用低功耗精密运放构成的电压比较器，切断电池供电电路选用CMOS器件。关闭电池后，整机电路做到零功耗。(2) 软件控制程序实时采集温度、湿度。当数据有变化时，连续显示，无突变；间歇显示，空余时间整机工作在睡眠状态。当电池管理电路，监测到电池容量不足时，屏显电池充电标示符10秒，然后切断供电，保护电池。

产品推广应用：成功研制的低功耗温湿度显示仪，充一次电可连续工作7天，即使管理不当，造成忘记充电或充电不足，也不会损坏电池。大大节省了用户的人力和物力成本。一投放市场，就得到用户认可。

自动化技术应用中心的技术团队连续作战，陆续为企业开发了红外控制浇水仪、除水雾控制仪、电磁恒温加热炉等新产品；开发配套模具10余套。企业申请实用新型专利3项，外观设计专利5项。其中，一款新产品获得丹东市科技计划项目15万元资金资助。

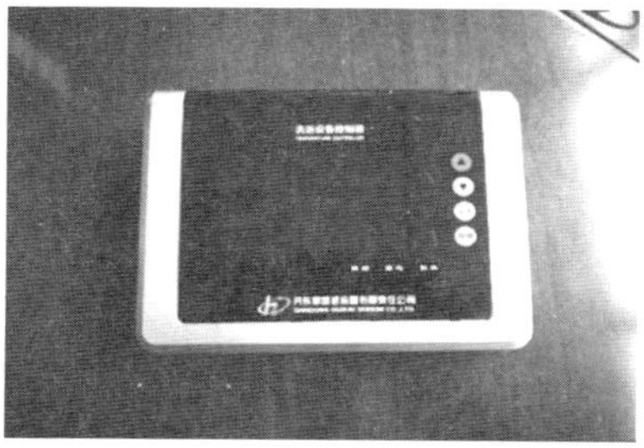

图1　与企业合作开发的产品

图2　丹东市科技计划资助项目的产品

3　技术帮扶焕发企业活力

2015 年，自动化技术应用中心组织技术服务团队对位于辽宁（丹东）仪器仪表产业基地的乐福宝节能技术有限责任公司开展科技活动。

丹东市乐福宝节能技术有限公司成立于 2015 年 3 月，总公司在辽宁省丹东市，是一家专注节能环保事业的创新性科技公司，其主要经营范围为乐福宝超节能电壁挂炉。

目前，市面上销售的电壁挂炉，最小功率为 10 kW。而用于 100 m^2，标配—12 kW 到 18 kW 的电壁挂炉，一般用户必须电力增容后，方可使用。针对该问题，丹东市乐福宝节能技术有限公司委托自动化技术应用中心科技攻关，研发 5 kW 以下的电壁挂炉。

经过研发，自动化技术应用中心于 2016 年 3 月底成功测试超节能电壁挂炉的运行原理，并进入实质性的生产流程阶段。2017 年 3 月，进入成品整体结构设计阶段，并经过整体测试检验。产品品牌为“乐福宝”，寓意是带来快乐和幸福的宝贝。乐福宝超节能电壁挂炉已获得 3 项专利。

4　自主研发带动团队成长

我们几乎在每个实训室中都能找到教师自制的教学设备。这一特点源于我们对实训室建设的理念，这也是学院的办学特色。在实训室建设中教师自身能自制的设备，一般情况下我们不会购买市场上的设备，这是我们多年来保留的办学传统。自动化技术应用中心研发团队常年为学院研发新的教学设备，不断升级改造实训室的老教学设备。同时，自动化技术应用中心通过与企业合作共建生产性实训基地，不断充实完善高端实训设备，加快大型贵重设备的引进和更新改造，使校内实训基地自制和二次开发的新设备在新技术方面始终保持与市场同步。自动化技术应用中心的服务团队在行业内已小有名气，他们开发设计的教学设备，很多都被企业看好。例如，由于晓云老师主持，与江苏汇博机器人技术股份有限公司签约联合研发的“机械手教学实验平台”教学设备。签约规定教学设备技术指标由双方共同制订，研发成本由企业全额承担，样机研发试制由教师全权负责，并编写配套的教材及实训指导书，批量生产和销售由企业负责。本次研发成员全部是由自控系年轻教师组成的，经过 1 年多的研发，该设备已经研制成功，并在学生上课使用中进行检验，性能稳定，功能适宜，受到江苏汇博机器人技术股份有限公司董事长的高度赞誉和褒奖。该项目申报 2 项研发技术专利和 1 项外观设计专利。丹东企业同行来我院参观学习，看到该产品，大加赞赏，现场就提出要联合生产。企业与学院合作，充分发挥教师的实践教学经验，能针对教学特点与需求，开发出适合学生使用的专业教学设备。

图 3　与江苏汇博机器人技术股份有限公司签约现场

图 4　机械手教学实验平台

4.1　搭建学生企业实践平台

自动化技术应用中心进驻惠凯感应器有限责任公司、乐福宝有限责任公司与企业签订校企合作协议。企业为学生无偿提供实践的场所。教师在负责产品研发的同时，担当企业产品生产全过程的技术指导工作。教师带学生到企业后，根据学生的特点，选择安排生产岗位，学生直接参与企业第一线生产。教师协助企业跟踪管理和指导学生实践。学生有一定的企业实践经验后，教师同企业协商，学生可在寒暑假到企业顶岗工作，并获得与企业员工同岗位的薪酬。工作突出，毕业后有意留企业就业的学生，企业会根据学生的意愿和实习期间在企业的工作表现，安排适合的工作岗位。毕业生的这种就业方式，企业很满意，避免了“用工荒”，并且还有空间补充、选择人才，特别是招聘的学生熟悉企业产品生产过程，无须再培训，马上可顶岗工作。学生参与企业实际生产，在教师的帮助下，获得顶岗实践的机会，感受到未来承担的责任，了解社会，了解自己，减少就业盲目性。

图5 “卓越技师班”学生走进社区开展便民服务

图6 “卓越技师班”学生积极参与科研课题

4.2 团队建设经验

4.2.1 “老带新”促成长

在自动化技术应用中心的服务团队建设过程中，团队负责人发现，为企业提供技术服务需要掌握先进理论和具有解决实际问题能力的复合型人才。而青年教师大多是从学校进入学校，往往理论知识系统、全面，但缺乏在企业一线的工作经历，解决实际技术问题的经验不足。为提高青年教师解决实际技术问题的能力，团队负责人向自控系主任提出合理化建议，新入校的青年教师必须在自动化技术应用中心的服务团队工作3年。团队通过为企业进行技术服务，以“老带新、传帮带”的方式提高青年教师的技术服务水平。我们通过“产学研”一体化建设形式，把教育和科研、企业生产活动和学院资源有效地整合起来，强化技术服务团队的人才培养，在为企业提供技术服务的过程中，提倡教师和企业技术人员互为“师学”；

通过实践锻炼和科技服务反哺职业教育，培养高素质技术技能型人才，满足校企双方的需求；激发企业主动参与校企合作及“产学研”一体化教学过程中来，最终推动区域经济建设发展，实现校企合作共赢。

团队还通过与企业合作共建生产性实训基地，完善高端设备条件，加快大型贵重设备的引进和更新，使校内实训基地在新设备、新技术方面保持与市场同步。2017 年 1 月，自控系与江苏汇博机器人技术股份有限公司达成合作意向，双方结成“智能制造产教联盟”，由江苏汇博机器人技术股份有限公司投资 500 余万元购买设备，在学院共建“智能制造应用技术中心”及“智能制造技术培训中心”，由自动化技术应用中心的服务团队负责管理运营。

图 7　团队成员合影

4.2.2　“传帮带”显成效

在为期 3 年的示范校建设期间，自动化技术应用中心整合原有资源，大力加强“产教”深度融合，与企业共同探索多种模式的校企合作方式。例如，教师被企业聘任为兼职工程师，在企业建立教师访问工作站；企业科研人员被自动化技术应用中心聘任为兼职教师，企业和自动化技术应用中心共建技术研发中心；企业与自动化技术应用中心共同申报省、市级科研项目等。自动化技术应用中心开设“卓越技师班”，指导学生参与科研项目，并积极开展社区服务，效果显著。

自动化技术应用中心的服务团队逐渐成熟，科研水平不断提高。近 3 年来，自动化技术应用中心共承担辽宁省教育厅科技计划项目 2 项、丹东市科学技术计划项目 1 项、科技服务项目 30 余项、院级科研项目 10 余项，获得发明及实用新型专利 5 项。

图 8　指导学生参加大赛的获奖图片

在下一步工作中，团队会充分发挥自身技术优势，积极拓展社会服务功能，面向行业企业开展技术服务及新技术技能培训，参与企业的技术创新和研发。我们要调整科技创新与成果转化的重点领域和主攻方向，为区域经济建设提供人才支撑和技术支持。我们通过技术转让或专利技术的产业化使研究成果转化为实际生产力，并通过团队协作、集体攻关解决行业面临的共性技术问题或关键技术问题。

（执笔人：马英庆）

案例 26

"走出去"服务企业，"金点子"助力研发

[摘要] 机械工程技术应用中心坚持创新思维破解"走出去"难题，坚持自主开发走新路，通过自主创新带动团队建设，进而服务地方经济。机械工程技术应用中心在实践中发现顶层设计和团队建设是项目成功的基础和保证，发现"理实一体"可以提升教学效果，发现深入基层可以赢得企业信心，从而提升层次，扩大服务领域。

[关键词] 校企合作；"走出去"；顶层设计；团队建设；"理实一体"

机械工程技术应用中心（以下简称"应用中心"）坚持走新型"产教融合、校企合作"之路，并在科研、服务等方面取得了长足的发展和良好的效果。

应用中心通过引企入校的"产教融合"新方式，在科研过程中注重科研与教学紧密结合，遵循科研为教学服务的理念，采取自主研制、二次开发的方式，在机械制造及其自动化专业示范实习实训基地建设教学设备的研发方面取得了丰硕的成果，共设计制造各种实训设备 14 台（套），配套各种夹具、量具合计 70 余件，开发实训项目 28 个，现已累计接待学生实训 600 多人次。

应用中心通过"项目＋团队"的"校企合作"方式，指导合作企业通过带动教师科研团队的建设，为地方经济的发展添砖加瓦。现已累计完成技术服务项目 31 项，纵向课题 4 项，获批资助资金 60 多万元。

1　创新思维破解"走出去"难题，破除桎梏带动"请进来"成果

"走出去"，参与企业的各项实训是高职院校学生提升能力和水平的不二之选。但是，在经济新常态的现实情况下，"产教"深度融合的环境不

佳。职业院校由于自身能力、水平和主观能动性等方面难以充分利用政策、信息等资源，在服务地方产业发展方面“心有余而力不足”；地方政府对“产教”深度融合的认识不够，没有在财税方面给予支持，企业看不到现实的效益；机械类专业的实训具有投入成本高、实训费用大、学习周期长、专业技能要求高的特点，学院自身“走出去”的积极性很高，但是企业接纳的过程相对冷淡。究其原因，主要是企业在“产教”深度融合的过程中付出多、回报少，特别是民营企业相对于身为事业单位的高校而言是处于弱势地位的，自身的权益较难保障，且存在学生实训安全等方面的潜在风险。

把项目“请进来”，把团队建起来，是机械工程技术应用中心的重要工作。应用中心注重与企业建立深度的合作关系，为企业的发展服务，同时吸引企业投入学院的建设中来。丹东鑫实数控科技有限公司是依托应用中心建立起来的高科技企业。公司主要以我系在职教师为主要成员。公司自成立以来，共生产、维修各种大中小型数控机床近百台，涉及 EMS 柔性制造系统、立式加工中心、数控铣床、数控车床、数控磨床、数控钻铣床、数控插齿机、蜡烛自动生产线等多种机械加工设备；完成纵向课题、横向课题 20 多项，为机械工程系的教师搭建了一个很好的平台，起到了桥梁和纽带的作用，也为机械工程系数控设备研发团队的建立和成长提供了强有力的项目支持。

2　自主开发走新路，精心服务暖人心

要找到“产教”深度融合对接的交汇点，就可以打破僵局，为人才培养模式的改革打下基础。因此，应用中心突破“厂中校”“校中厂”的“产教”深度融合既有模式的限定，打破“照搬行业企业生产过程”的束缚，采取新型“引企入校”的模式，即直接从企业生产过程中选取适合职业教育特点、有一定深度和广度的节点，经过学校教师、企业专家的自主研发创新、融会贯通，形成适合中小城市和某些地区的机械行业小、散、差的实际情况，以低成本、低费用运行的设备使“产教”深度融合取得更好的实际效果。

服务地方经济的发展是应用中心的重点工作之一。丹东凤城增压器产业集团是丹东地区极有特色的工业集群。因此，应用中心结合团队特点，发挥自身优势，为增压器产业集团的产品升级、设备升级提供有力支撑，为时代龙增压器制造有限公司等企业的数控设备改造、四轴升级累计完成项目合计资金 20 多万元。这些服务项目所取得的良好的社会效益，使应用中心坚定了瞄准地方热点、服务地方经济的决心。

图 1　为时代龙增压器制造有限公司改造的新设备

3　自主创新带动团队建设，释放活力服务地方经济

机械工程技术应用中心秉承“产教融合”的理念，以校企合作、共同开发的形式，在学院示范专业实训室建设过程中，积极发动教师、学生投入实训室的建设中来，通过“自主研发、二次开发”，科研与教研相结合的方式，使机械制造及自动化专业实习实训基地的建设取得了丰硕的成果。应用中心通过市场调研、院校考察、专家座谈等多种形式进行充分、详尽的研究，十几名教师和学生投入大量的精力和时间，绘制机械加工图纸 400 多张，完成 PLC 程序开发、电控系统组装调试等多个项目，相继建成机械装调实训室、液压与气动系统综合实训室、机械基础实训室，数控设备研发团队得到了充分的锻炼和巨大的提高。

应用中心也积极为企业服务，牵线搭桥，为企业的发展出谋划策。从 2016 年开始，应用中心引导丹东鑫实数控科技有限公司成为丹东通博电器集团的设备维修总承包商，负责整个集团 200 多台金属切削机床的维修、保养和设备能力水平的鉴定工作，开创了丹东地区工业企业设备维修服务外包的先河，通过一年的努力，丹东鑫实数控科技有限公司成功续约 2017 年维修合同，继续完成丹东通博电器集团的设备维修外包工作。

4　顶层设计和团队建设是项目成功的基础和保证

在学院领导的大力支持下，在科研处的帮助下，应用中心认为高职院校学生能力的提高离不开教师教学水平的提高和科研能力的提升。应用中心通过自主开发实训设备，一方面，可以有效利用建设资金，并将开发设备的技术资料全部投入教学资源的建设中；另一方面，项目的开展和建设可以带动教师团队整体能力的提升。通过设备研发，教师可以掌握设备的图纸、工艺等技术文件，从而形成一个真正“理实一体”的团队。因此，应用中心组成一个集教授、高级工程师、高级技师的研发团队，申报了3项院级科研项目。大家发挥各自的优势，在方案、设计、工艺、成本、制造、外协、装调各个方面通力合作，历时一年半，完成设计图纸、明细表等技术文件400多张，成功开发出具有完整独立知识产权的XSJX-1型机械装调综合实训装置、XSYA-1型液压与气动系统综合实训工作台，并已申报专利3项，发表3篇论文。

同时，学院对丹东鑫实数控科技公司在场地、公用设施等方面给予了大力支持，这为研发团队的工作开展带来了极大的便利。

5 “理实一体”提升教学效果，深入基层赢得企业信心

机械工程技术应用中心发动我系机械、电气、数控、自动化、计算机等多方面的教师团队，通过与企业合作，一同开发了XSJX-1型机械装调综合实训装置、XSYA-1型液压与气动系统综合实训工作台、CA6140普通车床进给箱镗床夹具、CA6140普通车床丝母车夹具、CA6140普通车床基座铣床夹具、CA6140普通车床隔套钻床夹具、CA6140普通车床套筒磨床夹具等多种教学设备和设施，极大提高了机械制造及自动化专业的教学水平，为我系专业人才培养模式的改革打下了基础。

图2 机械装调实训室

图3 机械制造基础训练室

这种产教融合的创新和应用，带动了我系机械装调技术、液压与气动技术、机床夹具、电气控制与PLC的课程改革，开发了教材、实训指导书，制作微课、教学视频、动画等共26个，形成了以教师为主导、以学生为主体的理论与实践一体化教学模式。学生亲手完成各种机械结构的调试、控制，从而得到深刻的印象，理解了各种复杂的理论内容，并从贴合生产实际的实训设备上得到完整、现实的生产锻炼。产教融合带动并开拓了“任务驱动，项目教学，‘教学做’一体化”的教学模式的开展，将纯理论课变成了“理实一体”的课程。边做边学，做学合一，既丰富了教学

手段，又提升了教师的教学水平。

应用中心帮助、引导丹东鑫实数控科技有限公司完成了CK6136数控车床的开发工作，并进入批量生产的新阶段。应用中心完成了时代龙增压器制造有限公司的3台加工中心四轴改造的项目，使加工中心四轴改造项目成批量、成规模的开展。应用中心为机械工程系引入了丹东金川机床有限责任公司圆盘式凸轮刀库的测绘和设计工作，使校企合作迈上了一个新台阶。

6　提升新的层次，扩大服务领域

科研成果的产业化是衡量科研成果水平的一个重要标志，也是自主开发、自主创新的目标。如何产业化、如何使产品升级换代、如何进行售前售后服务、如何进行营销等都是高职院校自主研发项目过程中相对薄弱的环节，也是我们下一步工作的重点。深化校企合作，提升层次，并不是简单的成果转化，我们要争取破解上述难题，使合作的深度和广度进入更新的领域。

应用中心将认真总结丹东鑫实数控科技有限公司与丹东通博电器集团的维修外包合作工作中的经验和教训，以服务丹东本地企业为己任，争取在丹东仪表产业园中推广丹东鑫实与丹东通博的合作模式，走出丹东地区设备维修外包服务的新路。

机械工程技术应用中心积极承担搭建技术服务平台的责任，为机械工程系与地区企业之间牵线搭桥，以科研团队建设为抓手，以自主开发、服务教学为基础，以提升服务企业能力为突破口，为辽宁机电职业技术学院的发展做出应有的贡献。

（执笔人：何　晶）

案例27

遇见：传统企业与“互联网+”的交融蜕变

[摘要] 案例中介绍了传统企业与“互联网+”的交融蜕变，包括婴幼儿游泳行业管理软件、丹东升泰乳业有限公司销售管理系统。

[关键词] “互联网+”；游泳行业；丹东升泰乳业

丹东市互联网技术应用中心（以下简称“应用中心”）前身是辽宁机电职业技术学院计算机技术应用中心，是信息工程系集教学、科研、产品开发、技术服务为一体的技术服务平台。由于为区域经济建设服务业绩突出，2016年丹东市互联网技术应用中心被丹东市科技局确定为丹东市级技术应用中心。

1 婴幼儿游泳行业管理软件

2014年，应用中心承接了由深圳浩东达科技有限公司委托的婴幼儿游泳行业管理软件的横向科研项目，经过和甲方历时一个多月的沟通和调研，确定了产品的开发目标，旨在解决行业的经营者的门店管理问题，促进行业良性发展。婴幼儿游泳行业是一个新兴的行业，该行业的创业者大多数属于“80后”年轻妈妈，以前从未接触过经营，基本上都是有了自己的孩子以后接触到婴幼儿游泳这个行业，然后投资加盟一些行业品牌，如香港3861、亲亲天使等。由于加盟后对于会员制的营销方式不了解，误把预存款当成营业额，多数门店经营不善，连年亏损。为解决这个行业通病，深圳浩东达科技有限公司把积累十多年的会员制营销经验和应用中心的开发技术相结合，本着互惠互利、长期合作的原则，委托应用中心开发这套浩东达婴儿游泳管理系统。该系统分为会员业务（办卡、充值、延期、改密、换卡、转卡、转项、沟通、预约等）、报表中心（账单报表、销售报表、会员报表）、系统管理（门店、员工、商品、服务等）3大核心模块，全面涵盖婴幼儿游泳行业门店经营过程中遇到的各种问题。同时，为了帮助门店活跃会员，增加客户黏度，2015 年系统又增加了微信会员服务和微信门店服务的功能，使门店的会员能够通过微信实现实时查询个人余额、泳师选择和服务的预约等功能。这不但达到了增加客户黏度、活跃会员的目标，而且为门店减少了服务压力。以前经常有客户打电话到门店或到店要求查询余额和预约，使门店的前台客服应接不暇，而现在开通了微信会员服务功能之后，客户很少再为了查询余额和服务预约的事情打电话了。微信门店服务功能的开通，使门店的老板每天通过手机微信就能查看到当天的经营情况（收入、销售、收款等），与原来要到店去查看报表相比，方便快捷，一致称好。

浩东达婴幼儿游泳行业管理软件是应用中心承接的第一个云服务产品型横向项目，而且是当下最流行的 SAAS 模式的软件产品，具有很大的挑战性，因此我们集合了应用中心所有的科研力量，梳理软件需求和业务流程，大家分工协作，同时每位教师还带了一名本专业学生共同进行开发。为了更好地完成这个项目，应用中心邀请了甲方的一位项目经理常驻中心，与项目组互相配合，共同研发。经过 2014—2015 年的计算机技术应用中心开发和 2016—2017 年的甲方市场运营，截至 2017 年 7 月，该产品的注册用户超过 2000 户，体验用户为 900 户，缴费用户为 209 户。深圳浩东达科技有限公司通过该产品，目前已经成功切入并渗透到婴幼儿游泳行业，他们对应用中心的技术和服务态度非常认可，并提出未来会有多款与该行业有关的产品要与应用中心进行联合开发的意向，同时应用中心培养的学生可到深圳浩东达科技有限公司就业和实习。

图 1　软件登录界面

图 2　微信端的会员中心界面

图 3　前台管理界面

2　丹东升泰乳业有限公司销售管理系统

2016 年，应用中心承接了丹东升泰乳业有限公司销售管理系统的研发工作。该企业成立于 1999 年，是一家集奶牛养殖、乳品加工、产品销售于一体的专业化、现代化乳品企业。企业先后推出了升泰鲜牛奶、升泰酸奶、升泰花生奶及发酵型乳饮料等 3 个系列 8 个品种的产品，供应丹东、大连及鞍山等周边地区市场，深受消费者信赖，市场占有率很高。但订奶销售的人力物力成本高、效率低、资金回笼慢、无法获得一手的客户资料等问题一直影响企业快速发展。应用中心通过走访企业调研，为企业量身打造线上销售管理平台。通过流程再造，全新的订奶流程变为在微信添加“升泰乳业”服务号后，便可在线挑选自己喜欢的牛奶品种，通过微信完成支付预订。用户通过服务号下单，企业派专人免费上门送货，用户能快速、便捷地喝到自己预订的鲜奶。用户订奶的资金不再通过线下中转，而是直接回笼到企业账户。线上平台会通过信息推送提醒消费者是否需要续订。此外，用户还可以通过线上平台查询订单服务状态、鲜奶送达情况。除此之外，用户还能享受会员积分、积分兑换、使用代金券等权益。

简化的流程带来了销量的飙升。从 2016 年 4 月 21 日服务号正式上线开始，该企业的总体新增订奶量超过原来的 80%。这种网络化的会员管理功能，让服务号的商业价值从单纯的移动支付进一步演变为营销网络信息化，用户可享受会员积分和会员折扣等优质服务。此外，通过与用户线上的沟通，升泰乳业也可以对产品质量以及售后服务进行有效监督，改善产品和服务质量，从而实现未来移动电商的“C2B”模式的闭环。

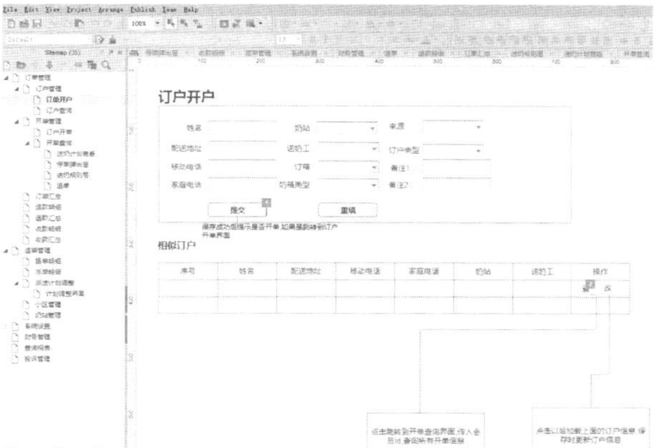

图 4　项目设计界面

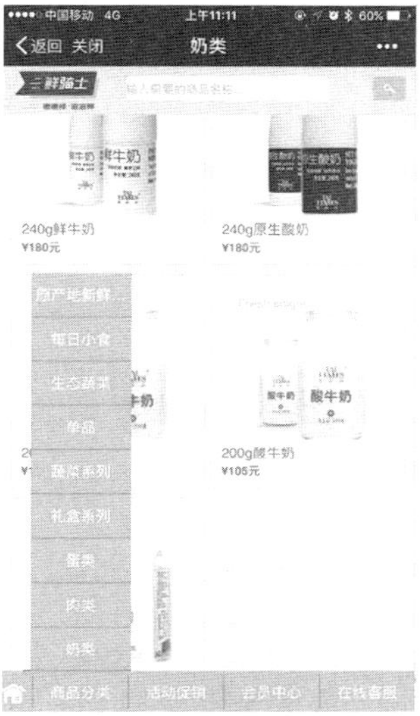

图 5　网络商城界面

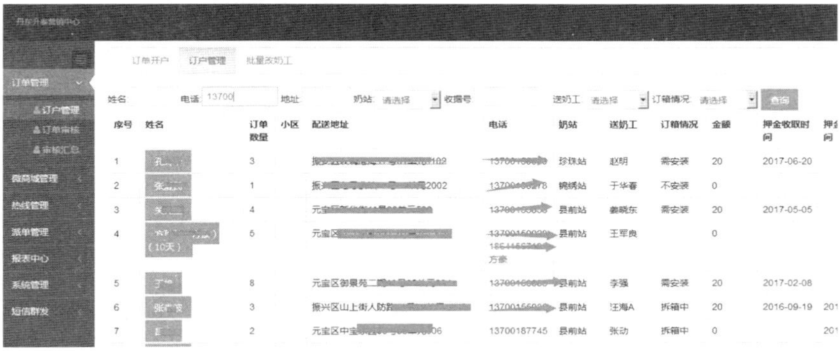

图 6　软件运行界面

（执笔人：高　烨　董海军）

案例28

升华：辽仪机械厂“身”在校内，“心”系社会

[**摘要**] 为深化产教融合、校企合作，丹东市模具研究与设计中心依托校办企业辽仪机械厂开展了技术研发与咨询服务、技能大赛、技师班等卓越人才培养工作，提升了人才培养质量和服务区域经济发展的能力，切实做到了产、学、研、用一体。

[**关键词**] 校企协同；合作共建；服务社会

丹东市模具研究与设计中心（以下简称“中心”）是由辽宁机电职业技术学院、辽宁（丹东）仪器仪表基地工业研究院、大连理工大学共建的技术服务平台，也是辽宁（丹东）仪器仪表产业基地研发服务体系和辽宁机电职业技术学院兴科中小企业服务中心重要的组成部分。中心通过与专业研究机构的紧密合作，依托高水平的专家团队，为企业提供了以模具专业设计为主的各种技术服务。

中心以校办企业为依托，坚持“服务于地方经济发展及教育教学改革”的工作定位，以“科研兴教、科研兴校”为目标，以提高教师的科研能力、科研水平为目的，充分发挥教育科研的积极作用，踏踏实实地推进人才培养工作。实事求是，解放思想，锐意进取，勇于实践，不断提高教育科研的层次和水平。中心为培养大批“双师型”教师，为深化学校的教学改革，为提高学校的教育教学质量，为建成“辽宁省示范高职院校”，为实现学校的可持续发展而不懈努力。

在为期3年的示范校建设期间，中心实现销售总收入776.2万元，实现经济效益连续增长，超额完成建设目标。2014年实际销售收入为164.1万元，2015年实际销售收入为204.7万元，2016年实际销售收入为407.4万元（见图1）。

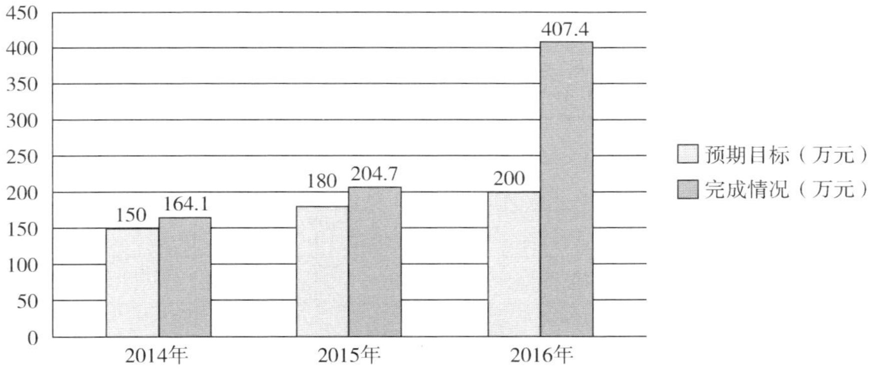

图 1 2014—2016 年的销售收入对比

中心以服务丹东地区模具开发为中心工作，针对丹东新区和凤城工业园进行模具设计与开发工作，并延伸到沈阳、大连地区。在大连，中心重点开发与大连同泰汽车部件有限公司的业务合作，2014—2015 年，中心与该公司签订了 140 多万的销售合同；在沈阳，中心重点开发与沈阳新宝路航空机械有限公司的业务合作，2016 年签订单笔销售合同金额达 100 万元。

中心秉承“客户至上，质量制胜”的理念，技术团队齐心合力，多次完成“急、难、重”的任务，确保了模具生产的质量与进度，从而在当今竞争激烈的模具制造行业争得一席之地。2016 年，中心与沈阳新宝路航空机械有限公司签订金额 100 万元的冲压模具生产合同，共计 51 套模具的开发与设计任务，生产周期为 3 个月（提供样件），而留给模具设计的时间仅仅 20 天左右，正常情况下是不可能完成的。为了保证生产进度，中心的技术团队采取了非正常的工作模式，团队作战连续奋战 18 天，最终按期提供了样件，赢得了客户的赞誉。

中心为了与企业保持密切联系，经常走访企业，参与企业技术攻关，开展横向课题服务；中心教师通过横向课题的设立和完成，积极参与企业的科研活动，提高了自身科研能力，并服务教学工作；中心以老带新，帮助青年教师确立努力的方向，指导青年教师进行科研立项；中心营造科研氛围，使青年教师积极投入中心工作，通过参与项目开发迅速提高自身科研能力；中心通过科研课题的立项研究，让更多的教师参与各种横向课题研究之中。

我们以丹东本地模具企业为中心，并延伸到沈阳、大连，深入走访考察企业 22 次；与企业开展技术合作，完成纵向科研立项 9 项，完成校企合作横向课题 15 项；积极在科技研发中寻求创新突破，申报并得到授权国家专利 3 项。

表 1　2014—2016 年中心科研活动情况汇总

	2014 年	2015 年	2016 年	合计
走访企业	8	6	8	22
完成纵向科研项目	1	4	4	9
完成校企合作横向课题	6	7	2	15
获授权专利	0	1	2	3

2014 年，中心在与丹东黄海模具制造有限责任公司技术交流中，了解到汽车保险杠拉延模破裂刀的设计及使用存在技术难题，在与企业技术人员充分沟通的基础上，决定开展科研立项攻关。当年 9 月，在学院的院长科研基金项目中立项，课题为“破裂刀在汽车覆盖件拉延模中的应用研究”。经过反复的数值模拟分析以及十余次的现场反复试验，最终优化了破裂刀的结构设计并改进了破裂刀使用的方式，成功实现了项目攻关。2015 年 9 月项目结题，发表科技论文 1 篇，申请并获授权 1 项名称为“拉延模多刃破裂刀”的实用新型专利。之后，模具研究与设计中心对此项目继续深入研究，并于 2016 年申请并获授权 2 项实用新型专利，分别是破裂刀安装高度快速调整装置和破裂刀高度快速调整装置（见图 2）。

图 2　3 项关于破裂刀的专利证书

在学生培养方面，中心采用多种方式齐头并举，如针对学生个体差异，以教师科研项目为载体，实施师生双向选择的专业导师制培养；对专业中的一些优秀学生，组建“卓越技师班”，旨在培养具有创新能力、高素质的卓越人才；继承与创新传统学徒制，学生在真实工作场景中学习技术，积累经验；对已与企业签约的学生，集中开展岗前培训，强化职业素养和岗位技能。中心培养的学生曾参加辽宁省高职职业技能大赛，并多次获奖（见图 3）。

图 3　高职技能大赛获奖证书

经过中心培养的模具专业技师班学员高士华，在技师班学习期间主攻钳工，不但顺利考下钳工高级证，而且在车间得到了充分的锻炼，为在企业工作打下了坚实的基础。2016 年 7 月，他到哈尔滨东安发动机有限公司 529 车间钳工工位进行顶岗实习。该单位为军工企业，加工的零件精度要求极高，零件的表面粗糙度和尺寸、形位公差要控制在 0.00075 mm 到 0.001 mm 之间，孔与轴之间的配合要控制在 0.0015 mm 以内，这需要长时间的艰苦锻炼才能够掌握。高士华同学通过半年的学习已经掌握了其中的技巧，师傅说他“底子不错，悟性好”。仅仅半年的时间，高士华是该公司 700 多名新学徒中唯一一个提前出徒的，工资已超过 3000 元，这也是我校屈指可数的在顶岗实习阶段能够拿到高工资的学生。

创新创业是当代大学生成长成才的重要途径，中心鼓励学生多参加社会实践。大学生创业的“点子”或项目，并不是简单地来自“灵感”，而是来自平时对市场、科技、社会生活的仔细观察和深入了解。这就要求大学生要多接触社会，多参加各种形式的社会实践。只有这样，才能了解社会与市场的需求，才能选准创业项目。

中心非常注重培养学生的团队精神与协作意识。创业不是一个人单枪匹马所能实现或完成的，它需要组建自己的团队。这个团队中的每个人都应该有某些方面的专长或特长，相互间应在知识、能力、性格、气质、性别、爱好等方面具有互补性。一个精诚团结、各方面能起互补作用的团队，才能实现“1+1>2”的效果，才能保证创业的成功。

2015 年，学院组织“永同昌”杯创业大赛，在中心教师的指导下，有 2 个创业团队在比赛中脱颖而出，并代表学院参加丹东市“鸭绿江”杯创业大赛取得优异成绩（见表 2）。

表 2　2015 年参加创业大赛获奖情况

年份	大赛名称	参赛人员	成绩	级别
2015	“永同昌”杯创业大赛	李坤鹏　刘春	三等奖	学院
	“永同昌”杯创业大赛	王月鑫　于广鑫　何泳　赵康鑫	一等奖	学院
	“鸭绿江”杯创业大赛	王月鑫　于广鑫　何泳　赵康鑫	优胜奖	市级

（执笔人：周宇明）

第七部分

其他建设成果篇

案例29

“五四一”双闭环链路式质量保证体系的研究与实践

［摘要］辽宁机电职业技术学院以提高人才培养质量为出发点，以学生为主体，以ISO9001质量管理体系为平台，实现了组织架构系统化、制度架构规范化、运行机制常态化，构建了“五层面、四过程、一保障”的内部质量保证体系，建设了一套系统的、科学的、彰显高职特色的教育教学质量保证体系，实现了培养“下得去、用得上、留得住”的高端技能型人才的目标。

［关键词］质量保证体系；人才培养质量；教学诊断改进

1　案例背景

建立健全高水平的质量保证体系是职业院校改革的重要内容，也是推进职业院校改革的制度保障和重要支撑。近年来，我们按照国务院《关于加快发展现代职业教育的决定》的要求，以提高人才培养质量为出发点，以学生为主体，以ISO9001质量管理体系为平台，实现了组织架构系统化、制度架构规范化、运行机制常态化，构建了“五层面、四过程、一保障”的内部质量保证体系，建设了一套系统的、科学的、彰显高职特色的教育教学质量保证体系，实现了培养“下得去、用得上、留得住”的高端技能型人才的目标。

2　“五四一”双闭环链路式质量保证体系的主体架构

2.1　“五四一”质量保证体系的内涵

“五”就是指“五层面”，即学校、专业、课程、教师、学生。

"四"就是指"四过程"，即决策指挥、资源管理及服务、质量生成、测量改进。

"一"就是指"一保障"，即体系运行考核。

2.2　运行模式

体系运行采取"双闭环"运行模式，内环以ISO9001质量管理体系为平台，依据学院质量目标、工作标准及规范，构建策划、实施、监控、测量与改进的"PDCA"循环改进体系；外环以工作诊断与改进为平台，依据评价标准，构建状态数据采集、内（外）审、管理评审、毕业生跟踪调查等工作诊断与改进体系，使内部质量管理由静态直线开放模式转变成动态螺旋闭环模式。

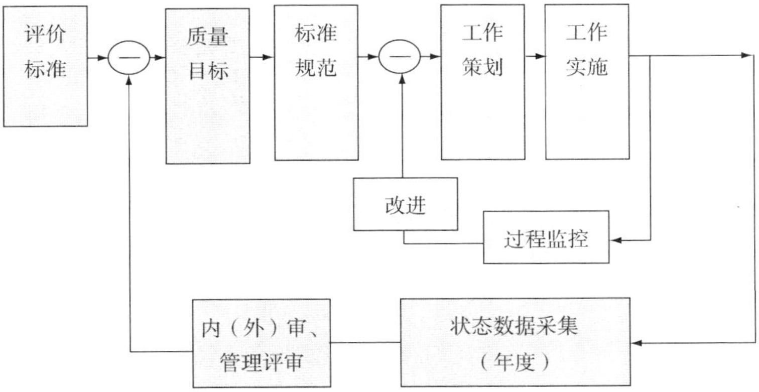

图1　"五四一"双闭环链路式质量保证体系运行模式图

3　"五四一"双闭环链路式质量保证体系实施的具体措施

3.1　以体系文件修订为手段，优化质量管理体系制度建设

学院通过梳理学院管理的关键环节，进一步明确部门职责，细化各项工作的管理制度，制订了《辽宁机电职业技术学院内部管理体制改革实施方案》《教职工进修学习的有关规定》等398项规章制度，制订了《教育教学质量监控与评价控制程序》等35项程序文件，形成了《文件发文登记表》等224项质量记录，进一步明确过程职责，细化各个过程的管理制度，使管理制度具有可行性、全面性、科学性。

3.2 以评价标准建设为重点，完善工作诊断与评价机制

诊断与改进机制的构建主要包括4个关键要素：质量标准体系、诊断与改进体系、反馈体系以及各种体系在结构上形成闭环。质量标准体系由多层面、多维度、动态的一些质量标准组成。学院通过制订专业建设标准，课程建设标准，教师综合能力标准，教学团队评价标准，专任教师、兼职教师、“双师”素质教师聘任标准，教学名师评选标准，专业带头人、骨干教师聘任标准，教工绩效考核管理办法，学生综合素质标准，学生职业能力标准等标准体系和科学的制度，在质量标准体系、诊断体系和反馈体系三个环节上形成以闭环为基本形式的运行机制。学院通过逐步提升质量标准，使教育教学质量形成螺旋式上升的态势。

3.3 以ISO9001体系为平台，完善“212”质量评价运行机制

学院建立以“两管、一反、两审”为主体的评价体系，对教师教学质量、学生质量、部门工作质量、专业建设和课程建设质量、毕业生总体质量实施科学的、量化的评价。

“二管”，一为校内质量管理队伍，由院、系、课程组三级管理机构组成。按照相关的质量标准，校内质量管理队伍对校内的理论课、实践课实施过程管理，对校外的认识实习、生产实习、顶岗实习实施定期和不定期检查。校内质量管理队伍偏重于日常性的教学过程管理，管理内容包括教学计划的落实情况、课程运行情况、教师的教学准备情况、授课情况、实训情况、学生学习情况等。采取教学常规巡查、现场听课、座谈会、学生测评等形式对教师教学质量实施评价。二为校外质量管理队伍，由行业企业专家、学生家长组成，由教务处、学生处负责具体实施，以“查、听、看、评、测”为主体，重点对校外的认识实习、生产实习、顶岗实习进行管理，对校内专业教师的实践课实施定期与不定期监控，对人才培养模式、学校办学模式、专业建设、课程建设、教材建设、专业教师的实践能力、学生素质教育实施反馈、评价和宏观指导，对学生的认识实习、生产实习、顶岗实习实施考核。

“一反”为用人单位、学生信息反馈。学院成立用人单位信息反馈组，主要对人才培养模式、学校办学模式、学生素质教育进行信息反馈。学院成立院、系两级学生信息反馈机构，明确各级职责和反馈流程，开通热线电话、电子邮箱，建设网上评教系统，时刻以学生为关注焦点，及时解决教育教学中存在的问题，多方面、多渠道收集信息，对教师教学质量、部

门工作质量实施客观评价。

“二审”，一为质量管理体系内部审核，由学院聘任的内审员组成内审组，按照ISO9001标准，依据有关体系文件，对教育教学全过程、教育教学各部门工作质量实施全面审核，对未按规定完成的事实，实施不合格项控制；以部门质量目标完成情况为依据，对部门工作质量实施评价。二为外部审核，由质量认证机构委派的外审专家按照ISO9001标准，依据学院质量管理体系文件，对教育教学主要过程、教育教学主要部门实施审核，对未按规定完成的事实，实施不合格项控制；对学院质量管理体系运行情况实施评价，对教学过程质量、教师教学质量、学生质量、部门工作质量实施评价。“两管、一反、两审”的教育教学管理体系工作流程见图2。

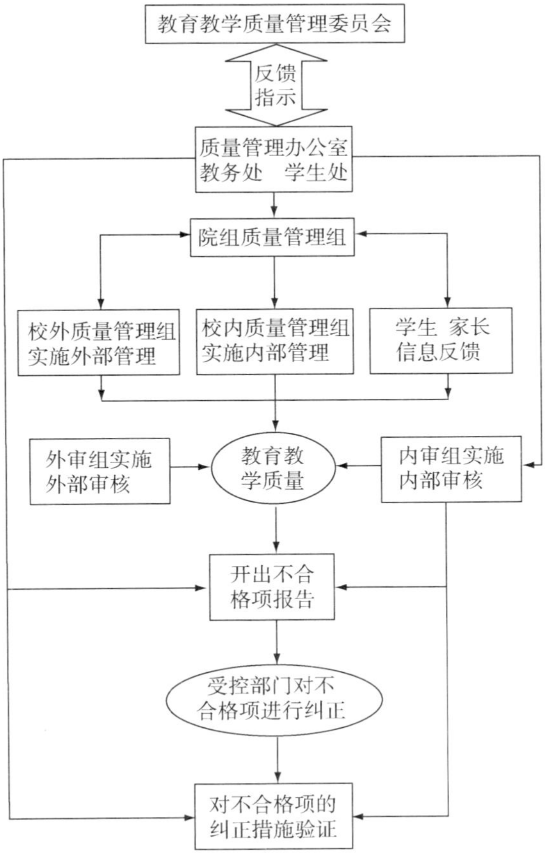

图2　教育教学管理体系的工作流程——“212管理模式”

3.4 以体系运行考核制度建设为抓手，助推体系运行执行力度

体系的生命力在于贯彻执行。即使有了先进的管理体系和完善的制度体系，没有完善的体系运行监督、考核与追究机制，体系运行就难以发挥其效能。

3.4.1 完善体系运行监管机制

监督检查是保障体系运行的重要手段。我们要建立“双闭环”监督检查机制，落实责任主体，内环监控重点围绕部门工作是否按照标准实施等；外环监控通过内（外）审、管理评审、数据采集等手段，发现问题，以不合格项形式落实整改。层层落实，凸显常态化运行机制，确保体系运行监督到位。

3.4.2 建立体系运行考核机制

我们要制订质量管理体系运行考核办法和体系运行考核评价标准，采取设立部门质量奖的方式，设计一套较为科学合理的考核流程和办法，并将其计入绩效考核的内容之中，通过客观、公平、公正的考核和考核结果的运用，让体系运行制度不力的部门暴露出来并得到相应的处理，让坚决执行体系的部门得到肯定、奖励。

4 “五四一”双闭环链路式质量保证体系的主要特色

学院教育教学质量管理体系经过不断改进与完善，已初显成效，体现了学院质量管理的特色。从方式上体现了多维度，内审、管理评审、外审三位一体，从体系执行到体系完善，从内到外，从执行层面到管理层面，质量保障体系运行与日常工作融为一体。在过程层面实现了层层递进，体系修订体现了自我完善，内审是对体系运行的监督检查，管理评审是对体系的自我诊断，外审是对体系运行的有效促进。从举措上体现了“三跟进”原则：内审是发现问题，通过整改得以落实；体系修订是改进完善，使体系得以优化；考核是保障，是体系运行执行力的关键。学院通过建立“五四一”质量保障体系，各项工作管理效力得以明显提升，人才培养质量得以保障，并在学院教育教学改革发展中起到了十分重要的作用。

5 “五四一”双闭环链路式质量保证体系实施的主要成效

5.1 组织机构建设实现系统化

学院教育教学质量保证体系组织架构包括领导小组，质管办，院、

系、课程组三级质量组以及学生信息反馈中心，职责清晰，体系完备。采取院长聘任制。

采取 ISO9001 质量管理体系的过程方法，对教育教学中出现的不合格项实施控制，构建一支全方位、多层面的教育教学管理组织机构，全面提高教育教学的管理效率。

5.2 制度建设管理实现规范化

学院通过梳理学院管理的关键环节，进一步明确部门职责，细化各项工作的管理制度。完善健全了与学院发展相适应的各项规章制度，形成工作有制度、操作有程序、过程有监控、责任有追究，用制度规范行为、按制度办事、靠制度管理人的良好机制，提升了学院的凝聚力和竞争力。

5.3 质量评价体系建设实现常态化

学院建立了以“两管、一反、两审”为主体的评价体系，对教师教学质量、学生质量、部门工作质量、专业建设和课程建设质量、毕业生总体质量实施科学的、量化的评价。

5.4 反馈与持续改进体系建设实现最优化

学院建立了教育教学质量反馈流程，通过“两管、一反、两审”得到的评价结果，由各主管部门负责统计分析，并将结果进行反馈。各部门按“PDCA”循环进行持续改进，实现了现有条件下最优的效果。

（执笔人：闫 坤）

案例30

“政校企”合作行“双创”，“产学研”结合助振兴

——辽宁机电职业技术学院创新创业案例

[摘要] 辽宁机电职业技术学院非常重视学生创业意识、创新精神、创新创业能力的培育，联合丹东市政府、辽宁精谷科技有限公司在辽宁（丹东）仪器仪表产业园共建了丹东新区创新创业学院，为学院深化产教融合提供了助力，提升了学生的综合素质，拓宽了学生成长成才的平台。

[关键词] “政校企”合作；创新创业学院；“产学研”结合

1 案例背景

辽宁机电职业技术学院是辽宁省教育厅主管的一所工科类高等职业院校。学校在长期的校企融合教育实践中，形成了“重操作、重创新、重实践、重创业”的办学传统，创办了省内第一家“政校企”合作共建的高职创新创业学院，构建了“深度融合、合作共建、协同发展”的高职院校创新创业教育新模式。

2 具体做法

2.1 科学规划，加强创新创业教育顶层设计

一是学校将创新创业教育改革纳入“十三五”发展规划之中。在《辽宁机电职业技术学院“十三五”教育事业发展规划》中明确提出：“构建课程、实践、大赛、指导服务配套实施的创新创业教育体系，培育一批创新创业先进典型；建立全体教师共同参与的创业教育工作体系，面向全体

学生开展普及化创新创业教育，以创业课程为核心，以文化活动为载体，强化创新创业教育氛围，将创新创业教育融入人才培养全过程，培养学生创业意识和创业精神。”

二是制订实施了《辽宁机电职业技术学院教育综合改革方案》。方案明确提出“推进创新创业教育改革”是10项重点改革任务之一。以此为基础，学校出台了《辽宁机电职业技术学院创新创业教育改革实施方案》，确立了“以‘互联网＋’创新创业教育为特色，加快培养具有创新精神、创业意识和创业能力的创新创业人才”的指导思想，明确了“深度融合、合作共建、协同发展”的创新创业教育新模式，推行了“创业帮扶体系”，针对有创业愿望的学生进行创业规划、项目选定、成功开业、高效运营、资源支持、人员支持、经营支持等方面的帮扶，全面提升学生创业能力。

三是制订实施了《辽宁机电职业技术学院关于修订2015级专业人才培养方案的指导性意见》，明确要求开设大学生创新创业教育课程、大学生科技实践课程，构建“一通双融”人才培养模式。

2.2　落实责任，强化创新创业教育组织领导

一是理顺创新创业教育管理体制。学校领导高度重视创新创业教育工作，在顶层设计上明确院系两级管理体制，学校、分院（系）同时成立了以党政主要领导为组长的创新创业教育领导小组，全面统筹学校创新创业教育工作。2011年，学校设立就业创业工作领导小组，学校校长担任组长；实施创新创业“一把手”工程；成立大学生创业孵化基地管委会，由学校主要领导担任管委会主任。2016年4月，学校成立创新创业学院建设推进工作领导小组，全面推进创新创业学院建设。2016年10月，学校党委会研究决定，成立创新创业学院管委会，其成员由丹东新区管委会、辽宁机电职业技术学院、辽宁精谷科技有限公司代表共同组成。主任委员由学校党委书记担任，副主任委员由主管教学工作的副校长、仪表产业园区管委会办公室主任和合作企业负责人等担任。创新创业学院院长由主管教学工作的副校长兼任，创新创业学院执行院长由就业办主任兼任，副院长由教务处、科研处、各系（分院）负责人以及合作企业代表、仪表产业园区代表担任。各院（系）负责人作为本院（系）主抓创新创业工作第一责任人。

二是落实创新创业教育工作职责。学校通过制订《辽宁机电职业技术学院创新创业教育改革实施方案》《辽宁机电职业技术学院关于加强创新创业教育工作的实施意见》《辽宁机电职业技术学院创新创业项目管理办

法（试行）》等系列制度文件，发挥创新创业学院、教务处、科研处、校企办、学生处、团委、各院（系）及专业群、课程组在创新创业工作中的作用，构建了创新创业能力培养新体制和“全员、全程、全方位”创新创业工作体系。

2.3 更新观念，深化创新创业教育教学改革

一是重构创新创业教育教学体系。学校通过打造创业名家讲坛，定期聘请创业校友、企业家等作为主讲嘉宾到校开展主题演讲，以创新创业教育理念引领创新发展、内涵发展、特色发展。学校以“学业支撑创新、创新引领创业、创业带动就业”的方针为指导，构建了“2＋N”的创新创业教学体系，即2种创新创业课程设置模式和N个特色创新人才培养方案，通过“卓越技师班”、专业导师制等创新实验班的实践，实现创新创业人才培养、技术创新服务、教师能力提升、学生创业孵化的“四统一”。

图1 创新创业学院举办第二届未来职场精英挑战赛校园决赛颁奖现场

二是实施个性化人才培养模式改革。学校将创新创业教育与专业教育紧密结合，以培养学生创新精神、创业意识、实践能力和创新创业能力为重点，改革人才培养模式，全面实行“产教融合、校企合作”育人模式。学校按照职业教育“六个对接”和创新创业教育新要求，组织修订人才培养方案，设置创新创业学分，增设创业基础课、创新研发课、创业项目课，构建了“通识教育＋创新教育＋专门教育＋创业实践”四阶段渐进式创新创业教育体系，推行了基于个性化培养的“全过程、全方位、全覆盖”人才培养模式改革，把创新创业教育融入人才培养全过程。

三是实施“一通双融”课程体系改革。学校坚持“面向全体、分类施教、结合专业、强化实践”的原则，建立了“一通双融”（“一通”就是将

创新创业教育贯通人才培养全过程，“双融”就是融入素质教育、融入专业教育）的创新创业课程体系，设立创新创业学分，开发创新实践与应用课程，全面实施创新创业教育。截至目前，学校共开设创新创业公共基础课3门，专业课80门，公共选修课22门，专业选修课122门，创新创业教育慕课、视频公开课20门，有力促进了创新创业教育与职业素质教育和专业教育的有机融合。

四是实施混合式教学方式改革。学校改革教育教学方法，实施混合式教学。通过开展“小班授课，分组讨论”的教学方式，推进启发式讲授与翻转课堂、探究讨论项目实践、网络学习与现场交流有机结合的混合式教学，促进学生主动学习思考，强化创新意识培养，确保创新创业教育覆盖面广，学生受益面大。

图2 学生创意作品——“中国龙”

五是推行教学考核模式改革。学校大力推行教学考核模式改革，实施非标准模式课程考核，全面实施实训非标准考核模式，推行以“作品”代替试卷的考核方式，每年推出一大批体现学生创新能力的“作品、产品、商品”。其中，机电类专业学生的“作品”多次获得省、市大赛成果奖，宝玉石鉴定与加工专业学生设计的“作品”在丹东市珠宝首饰沙龙展出，深受参会企业喜爱，销售作品收入近万元。

2.4 搭建平台，创立创新创业教育孵化基地

一是成立丹东新区创新创业学院。学校与丹东新区管委会、丹东精谷科技有限公司合作共建了省内首家“政校企”合作模式的创新创业教育平台——丹东新区创新创业学院。创新创业学院现有建筑面积近12000平方米，其运营和管理采用“三三三”模式，即由政府（新区）、学校、企业三方共建，设立专家咨询委员会、学院管理委员会、院务委员会，“三会”共管，实现咨询层、决策层、执行层的“三层”协同。创新创业学院设有工业机器人应用实践中心、柔性制造创新实训中心、“产学研”一体化创研中心、大学生孵化中心和创新创业教育（培训）中心，引入了丹东高新技术创业服务中心（国家级科技企业孵化器）、丹东市电子商务平台、兴科中小企业服务中心等，为大学生创新创业提供了良好的环境和平台。2016年学校被辽宁省教育厅评为“辽宁省大学生创业孵化示范基地”，为获此殊荣的两所高职院校之一。

二是组建教学实践与技术应用中心。学校与丹东市经信委、沈阳仪器仪表研究院等研发机构合作，建成仪器仪表智能检测与控制技术研究中心、自动化技术应用中心、机械工程技术应用中心、虚拟仪器技术应用中心等 9 个教学实践与技术应用中心。中心以“专业＋企业＋科研院所”为基本组织模式，以“专家＋工程师（技师）＋教师＋学生”为成员模式，以“技术服务＋产品研发＋教学实践”为运营模式，以科研项目与真实校企合作项目为载体，在真实的环境中培养学生的创新创业能力。由教师带领学生共建了 PLC、热工仪表检定、机械装调等 60 个创新实训室，开发实训项目 28 个，获得专利 12 项，极大地提高了教师和学生的创新实践能力。

三是开放创新创业教育资源平台。学校坚持“激发创业热情、加强创业教育、促进创业实践”的培养目标，将校内实训室和创新创业教育资源全天候向学生开放。学校通过实施大一学生加入专业社团；大二学生选择心仪导师，进入创新实验班和大学生创新实践中心；大三学生进入孵化基地创业实践或到企业进行就业顶岗实习，培养学生创新精神、创业意识、实践动手能力，实现学生就业能力与创新创业能力的提升。

2.5 激发活力，规范创新创业教育教学管理

一是完善创新创业相关教学管理制度。学校先后出台了《辽宁机电职业技术学院学生参与创新创业竞赛管理办法》《辽宁机电职业技术学院创新实验班管理办法》等一系列奖励、激励政策，修订了《辽宁机电职业技术学院全日制专科学生学籍管理细则》等规章制度，设置了创新创业学分，建立了创新创业学分转换制度，允许学生休学创业，为有意愿、有潜质的学生量身定制创新创业能力培养计划，建立了创新创业档案和成绩单。

二是出台创新创业学分置换办法。学校出台了《辽宁机电职业技术学院关于大学生创新创业课程学分置换的实施办法》，规定学生取得的创新创业成果可以折算为综合测评分值，在各类评优评先等工作中予以认定加分。这种灵活的学分置换方式为学生创新创业保驾护航。

2.6 加强引导，提升创新创业教育队伍水平

一是出台政策，规范创新创业师资培养。学校秉承“三师联动，三能合一”的建设理念，先后出台了《辽宁机电职业技术学院专业教师参加生产实践的管理规定》《辽宁机电职业技术学院“双师型”教师队伍管理暂

行办法》等文件，鼓励专任教师和创新创业专职教师到行业企业挂职锻炼。同时，通过进驻教师访问工作站、下厂实践、入驻技术应用中心等不同方式提升教师创新实践能力。

二是制订文件，调动教师创新创业活力。学校先后出台了《大学生创业孵化基地管理办法》《辽宁机电职业技术学院关于鼓励广大师生积极参加创客活动的相关规定及奖励办法》《关于加强创新创业教育工作的实施意见》等一系列管理制度，分别从创业激励政策、资源配置政策、市场竞争政策等方面着手，用制度调动教师创新创业积极性，激励学生创新创业热情，释放学校创新创业的活力。

三是"内培外聘"，建立创新创业导师团队。学校聘请李家华教授等资深创新创业专家、政府部门领导、行业专家组成"高级顾问后援团"；聘请辽宁省大学生就业指导局局长刘铸教授、辽宁省创新创业专家组组长刘敬东教授等一批国内、省内创新创业专家，以及省内外优秀企业家等组成"现场指挥指导团"；聘请合作企业专家、优秀校友和校内教师组成"创新创业导师先锋团"，着重打造"思想导师、专业导师、创业导师""三师"合一的校内创新创业导师团队。同时，为每个学生创业团队提供校外、校内两名创业导师，精准提供创业技术、政策咨询、创业指导和跟踪服务。

四是体系贯通，开展创新创业教育。学校通过开展面向省内外中、高职教师的创新创业思想和技能培训，建立具有中、高职特色的校企合作创新创业模式。

2.7　加大投入，保障创新创业教育专项资金

一是设立创新创业专项资金。学校按照不低于学费收入的 1%的原则，按照每人 140 元下拨就业创业专项经费，用于基地建设和各类创新创业活动开展。设立大学生创新创业专项基金，每年 10 万元用于支持学生开展创业实践。

二是设立创业投资基金。2016 年，学校多方引入政府、社会、企业资金用于创新创业教育工作。辽宁精谷科技有限公司设立创业投资基金 300 万元，丹东华孚集团每年投入 100 万元用于创新人才培养。学校将 300 万元现代职业教育质量提升计划项目资金用于创新创业学院建设，全面改善创新创业环境。

3　取得成效

一是人才培养质量明显提升。学校创新创业工作方式灵活、效果明

显，整体提升了人才培养质量，促进了毕业生就业质量。多年来，毕业生的就业率、专业对口率、学生就业满意度等均位列省内同类院校前列，获评“辽宁省毕业生就业先进集体”。学校校友先后创办了华信仪表有限公司、丹东市阳光仪器有限公司等20余家企业。

二是创新创业大赛成绩斐然。学校以“技能大赛”为抓手，强化学生创新实践能力培养。学校通过“大学生创新实践中心”等学生社团，培育学生创新兴趣，为创业大赛、技能大赛、创新实验班培育和选拔人才。学生先后在142项各级各类技能大赛中获奖。其中，国家级53项（包括特等奖2项，一等奖14项，二等奖17项，三等奖20项），省级89项（包括特等奖7项，一等奖27项，二等奖36项，三等奖19项）。

三是创新创业意识根植于心。从占地不足20000平方米的中职学校，到占地300000多平方米的高职院校；从教师自己制作教具、开发项目，到拥有6800余万元的教学仪器设备；从教师自己骑自行车找企业谈合作，到校企共建3个二级产业学院，学校的发展史就是一部不断创新的创业史。创新创业理念遍布学校的每一个角落，根植在每一个人心中。学校本着“自主开发为主，整体外购为辅，强化软件建设，适度硬件投入”的建设理念，按照“教室专业化，实验室实训化，实训室仿真化，实习基地企业化”的总体要求开发实训基地，开创了一条自主开发实训设备、建设实训室的特色之路。学校通过自主研发实训设备，师生共同开发实训项目等方式，建设完成现场总线实训室、气动综合实训室、PLC综合实训室、电子技术技能综合训练实训室等20余个实训室，开发了流量串级控制与自动调节系统、系列传感器与显示仪表、PLC电梯控制系统，完成了通信技术、自动化生产线设计等20余种实训项目。学校马英庆、周新、李亮等教师受聘为企业技术总监。

三是社会培训反响热烈。学校充分发挥国家级职业教育师资培训基地的作用，开展面向省内外中、高职教师的创新创业思想和技能方面的培训。学校创业导师多次受丹东市各职能部门邀请开展“电子商务创新创业”等多系列、多专题普及讲座，并受丹东市科协和丹东电视台邀请，录制“科普广角”栏目，为丹东市市民普及“电子商务创新创业”。上述做法加强了丹东市创业者创业知识水平，提高了创新创业能力，提升了创业氛围。

四是特色示范效果明显。学校创新创业工作成果被团中央、人民网、中国教育电视台等国家级媒体多次报道。工信部、科技厅、教育厅、人社厅、丹东市领导先后到我校调研创新创业工作，并给予了高度赞扬。学校组织举办了首届“辽宁高等职业院校‘双创’教育高峰论坛”，“政校企”代表共谋高职院校创新创业教育发展之路。辽宁农业职业技术学院等30余所高校到我校交流并学习创新创业工作经验，取得了良好的社会效应。

2008年，在全国率先成立混合所有制二级产业学院——黄海汽车工程学院。

2008年，学校牵头组建“兴科中小企业服务中心”。

2010年，获批国家级科技企业孵化器。

2014年，牵头搭建丹东市大学生创新创业孵化基地。

2014年，学校创新办学成果——校企合作背景下二级产业学院办学体制与人才培养模式创新研究与实践荣获国家教学成果二等奖。

2016年，学校在全省率先组建“政校企”合作模式下的丹东新区创新创业学院。

2017年，学校被辽宁省教育厅评选为第四批辽宁省大学生创业孵化示范基地。

2017年，学校获评“丹东市青年创新创业孵化基地”。

（执笔人：赵景辉）

案例31

“平台”建“微课堂”，“翻转”出“大智慧”

——辽宁机电职业技术学院数字化学习平台典型案例

[摘要] 随着“互联网+职业教育”的迅猛发展，信息技术在职业教育领域应用越来越广泛。在运用信息技术进行课程改革的过程中，辽宁机电职业技术学院搭建数字化学习平台，依托工业过程自动化技术专业，完成了“三平台五库”的建设任务。基于数字化学习平台，学院实施了“翻转课堂”教学模式，调动了学生学习积极性，满足了学生对知识能力的多层次需求，克服了传统课堂缺乏交流互动的缺点，促进了课堂上“‘教学做’一体化”的实施。

[关键词] 数字化学习平台；课程资源；翻转课堂；工业过程自动化技术

在“互联网+教育”深度融合的教育改革背景下，辽宁机电职业技术学院积极推进教育教学模式的创新，充分发挥学生在学习活动中的主体地位，打破时间、空间、地域的局限和界限，多维度创建学习平台，实现了课本搬家、教室搬家、课程搬家这种线上、线下的混合式教学模式，突出了学生职业核心能力培养，提升了职业教育人才培养质量。

学院作为首批示范校建设单位，以服务辽宁老工业基地振兴为切入点，将专业设置与区域经济社会发展相对接，不断提高专业建设与产业发展的聚合度。学院通过加强信息技术的应用，打造数字化共享型教学资源，持续深化专业改革，不断提升教育教学质量，承担起服务社会经济发展的历史责任。学院以示范校建设为契机，依托工业过程自动化技术专业课程体系建设，完成了“三平台五库”的建设任务。平台建设遵循“一体化设计、结构化课程、颗粒化资源”的建构逻辑，强化应用功能和共享机制设计。学院基于平台构建了“翻转课堂”教学模式，突出了学生在学习活动中的主体地位，调动了学生学习积极性，满足了学生对知识能力的多层次需求，从而克服传统反应式和接受式课堂缺乏交流互动的缺点，促进了课堂上“教学做一体化”的有效实施。

1　助力教学改革，科学规划资源结构

项目建设的“三平台”是指数字化学习平台中“三三三”建设模式的教学资源平台、“三层五库”框架结构的资源管理平台、“用户体验”的个性定制学习管理平台。项目建设的“五库”是指专业资源库、课程资源库、资源素材库、培训资源库、职业信息库。

学院通过“三平台五库”的建设，搭建了一个学习者乐学、授课者善教的基于互联网的学习平台，打造了学生自主学习和教师引导性学习有机结合的终身学习环境，整体框架见图 1。

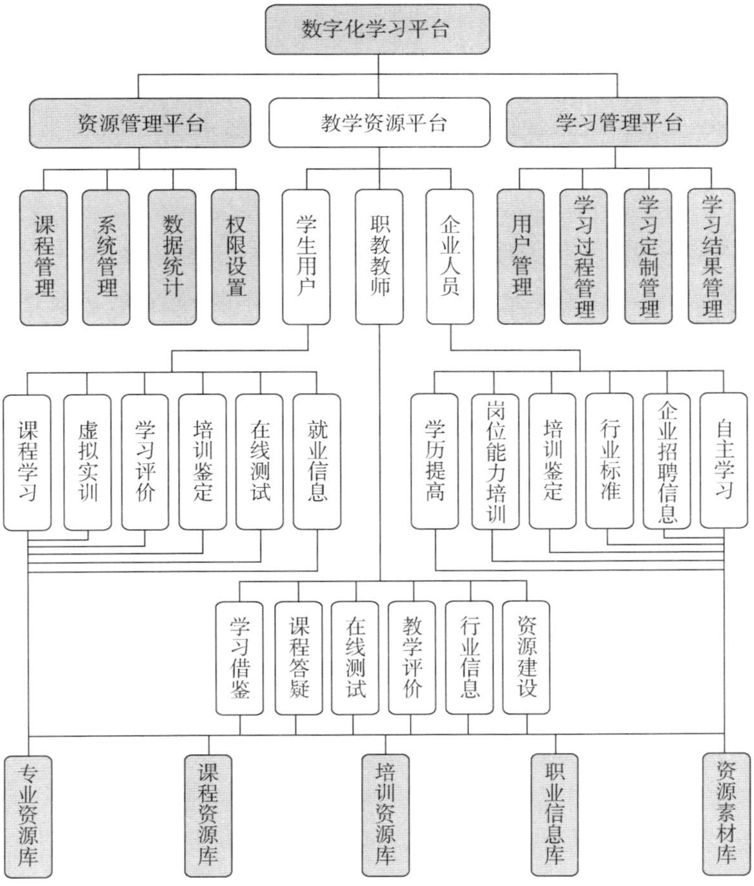

图 1　“三平台五库”建设目标顶层设计框图

平台不仅有助于学习者进行碎片式学习，而且实现了针对特定专业的系统化学习，对注册的学习者的学习过程进行记载，统计学分，实现“学评一体”。同时，平台设置自主测试功能，帮助学习者自我评价学习效果，激发学习者持续学习的积极性。平台采用“用户体验”的贴心设计，易于教师、学生、社会学习者使用，学习者可以按5大过程（在线选课、在线学习、在线练习、在线测试、在线反馈）来规划学习路线，碎片化和系统化相结合，是自主学习和终身学习的良好工具。在线学习平台功能模块见图2。

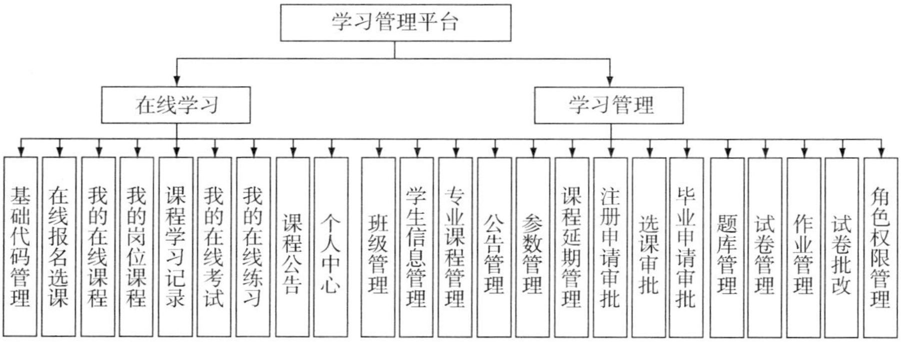

图2　学习管理平台功能模块

2　线上线下，多维度、多阶段“翻转课堂”显成效

学校基于数字化资源平台和理论与实践一体化教学课堂构建了线上线下混合教学模式，使学生不受地点和时间的限制就能得到良好的学习和辅导，培养学生自主学习等核心职业能力。

平台开发及资源建设采用边建、边用、边完善的模式，在仪器仪表专业群的各专业推广测试，测试学生数达到320人，测试数据如图3。

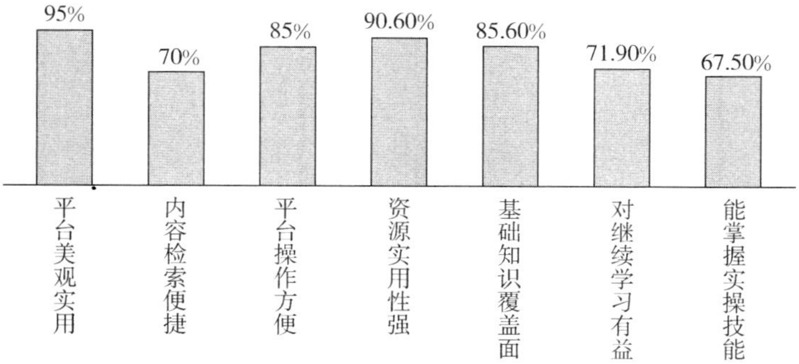

图3　平台使用测试数据分析

这种混合式教学搭建了近年来国内外所大力提倡的“翻转课堂”教学

模式，从多维度、多阶段实施教学。教学时间维度分为课前（自主学习）、课中（讨论、理论与实践一体化）、课后（巩固测试与复习）3 个阶段；教学空间维度分为线上（网络平台）、线下（理论与实践一体化课堂）；教学规律维度分为传递、内化、再内化。“翻转课堂”教学模式如图 4、图 5、图 6 所示。

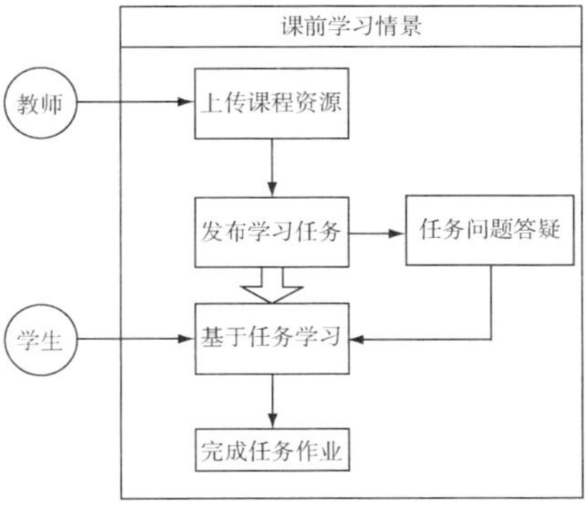

图 4　课前学习情景

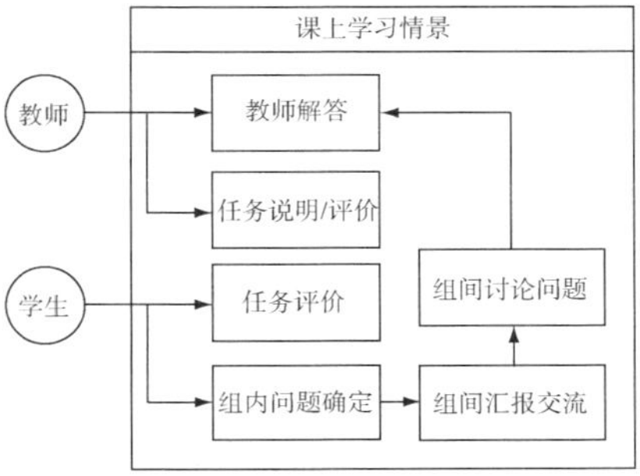

图 5　课上学习情景

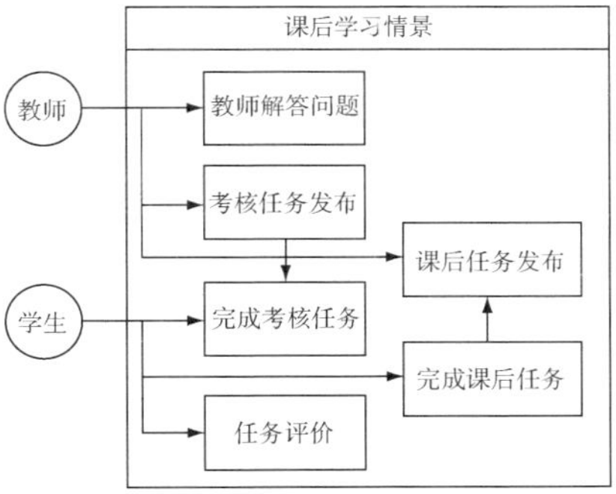

图 6　课后学习情景

2.1　课前线上开展自主探究式学习，获取学习素材

教师是教学任务的设计者，教学活动的组织者。教师课前将预习任务工单上传至平台，学生明确任务，并通过平台的动画、微课、操作视频、虚拟仿真软件等资源开展自主学习。平台既有 PC 端又有移动端，不受时间、地点的限制。教师制作教学微视频、PPT 等数字资源，明确知识的要点和难点。动画、微课、视频等资源使学生更易于接受。平台通过设计闯关问题，促使学生产生疑问，激发学习积极性。学生通过课前自主学习，线上观看视频，查阅课程学习资料与知识，完成测试，反馈课前学习

效果。

2.2 课中线下实施理论与实践一体化教学，完成学习任务

线下教学活动同样需要教师引导，但要充分发挥学生在学习活动中的主体作用。教师检测课前线上学习效果，汇总学习问题，讨论、讲授重难点，布置课堂教学实践内容。学生课上同样利用资源平台开展组内讨论，团队协作，在完成任务的过程中培养学生分析解决问题、与人交往等职业核心能力。

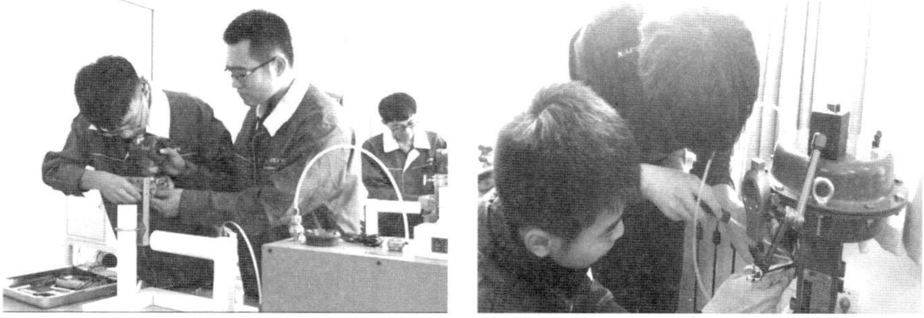

图7　学生在“仪表技术与检测”课上的线下实际操作场景

2.3 课后线上巩固拓展学习，检验学习效果

根据传递、内化、再内化的学习规律，课后教师会根据学生情况提出个性化学习任务单，实现教学内容的巩固拓展和提升。同时，教学采取线上、线下混合学习效果评价，改变传统的课程考核评价制度，做到定量评价和定性评价相结合、形成性评价和总结性评价相结合。降低期末考试成绩占总评成绩的比例，相应提高课前学习和课堂活动2个关键环节的比例并建立相关的评分指标体系及评分细则。

3 以课程改革引领资源建设，教育教学模式谱新曲

工业过程自动化技术专业紧密对接辽宁仪器仪表产业基地，校企合作建设二级产业学院，根据行业企业岗位需求调整专业定位，重构课程体系，根据“6+2”原则开展课程建设，即“工学结合”，以职业活动为导向，发挥学生主体地位，突出能力目标培养，教学内容以项目任务为载体，教学过程开展能力训练，同时专业教学中渗透职业素养教育。课程改革引领课程资源的建设，首先资源的功能从辅教更多地过渡到助学，资源的内容也更加对接典型职业活动，实现“工学结合”。同时，资源平台建设促进了“翻转课堂”等教学模式的改革。

因此，该平台和资源建设以专业课程系统设计为基础，以资源素材开发为核心，以服务教学和培训为目的，从企业用人需求和学习者学习需求出发，按照工作过程系统化的思想，在国家职业标准或行业标准制约和规范下，实施课程体系与内容的系统开发，建设集先进性、适用性、开放性为一体，覆盖专业层面、课程层面与辅助资源层面的三级共享性教学与学习资源，制订突出职业素养和职业能力培养的课程标准。

本项目建设完成6门核心专业课的资源建设，建设资源总条目为1713条，总量为34.7G。资源平台建设促进了课程建设，2017年4月9日，在由全国机械职业教育教学指导委员会和机械工业教育发展中心联合主办的首届全国机械行业职业院校微课大赛中，项目组开发微课资源取得了优异成绩，获得高职组一等奖3项，二等奖3项。同时，学院按照教育部印发的《关于做好职业教育专业教学资源库2017年度相关工作的通知》安排，完成了“工业过程自动化技术专业资源库”的申报工作。

图8　教师荣获首届全国机械行业职业院校微课大赛一等奖获奖证书

图9　教师在2017年度全国职业院校装备制造类专业教学资源建设研讨会上的获奖照片

4 激发兴趣与潜能，乐学、善教助推质量提升

学院通过实践检验，以基于在线学习中心为载体的“翻转课堂”教学模式改革对提升教学质量效果显著。“翻转课堂”颠覆了传统课堂的灌输式教学，学生由被动学习变为主动学习，由课堂学习变为课外学习。学生的学习时间、地点、内容、方式、方法等有更大的自由空间，这些必然会加速学生的自控能力、自学能力、协作能力、信息技术应用能力等综合能力的发展和提高。

学院数字化学习平台的建设有效推动了“翻转课堂”教学模式的实施。随着数字化学习平台中专业资源、课程资源的不断丰富，在同类高职院校和中职学校以及合作企业中的推广应用，数字化学习平台将在提升相关专业人才培养质量中发挥更大的作用，也将在服务辽宁老工业基地振兴中发挥积极的作用。

（执笔人：王　岩）

案例32

工匠精神“点亮”机电文化之魂

[摘要] 为贯彻落实全国教育大会精神，聚焦立德树人根本任务，弘扬社会主义核心价值观，助力文化强国，坚定文化自信，培养德、智、体、美、劳全面发展的技术技能型人才，辽宁机电职业技术学院以“工匠精神”培育为抓手，加强校园文化建设。学院通过价值观塑造、课堂教学、实践体悟、营造文化氛围等多个环节，将“工匠精神”培育融入人才培养全过程，取得了良好的育人效果。

[关键词]“工匠精神”；课堂教学；校园文化；德技并修

1　案例背景

“中国制造”呼唤“大国工匠”，更离不开“工匠精神”。2016年3月5日，国务院总理李克强在十二届全国人大第四次会议所做的政府工作报告中提出，要培育精益求精的工匠精神。“工匠精神”与《中国制造2025》紧密地联系在一起，它被赋予了丰富的时代内涵和崭新的社会价值。

高职院校为培养生产、建设、管理、服务等一线急需的技术技能型人才服务，因此使“工匠精神”成为高职学生的思维方式和行为特征，在促进学生全面发展、提升企业竞争力、促进国家经济转型升级等方面都有着十分重要的作用。

2　主要目标

首先，学院通过调研、座谈、研讨等形式，开展办学思想大讨论，旨在转变教育观念，确立与“大国工匠”培养、“工匠精神”培育相适应的人才观、发展观和质量观，把培养学生的“工匠精神”渗透到学院的办学思想、教育理念、学风教风等价值体系中，把学生“工匠精神”的培育纳入人才培养的全过程，把“工匠精神”体现在教学目标的设定、教学体系的安排、教学内容的组织、教学方式的选择和考核方式的多元等诸多方面，从而使弘扬“工匠精神”成为学校的一种文化自觉，造就“大国工匠”成为师生的一种文化追求，引领学院的人才培养，不断提升学院的办学水平。

其次，学院通过成立专业指导委员会、校企合作共同开发人才培养模式、校企共建课程、建设实训室等手段，将课程教学作为学院传承“工匠精神”的主要渠道。学院以“人生价值观、职业观和专业观”培育为主线，以“思想道德素质、职业人文素质和专业文化素质”培养为核心，构建具有先进工业文化特征的职业素质教育课程体系，培育学生工作价值观，提升职业素养，并且在专业课程教学实践中渗透“工匠精神”，既要让学生通过职业技能训练获得一技之长，又要让学生通过“学工交替”“前校后厂”的专业学习形式使职业素质得到培育，职业精神得到熏陶，职业操守得到养成，使学生在专业技能上有提升，事业追求、职业情怀、价值操守和职业素养等“工匠精神”也获得新的生长。

再次，学院不断加强实践教学的力度，不断推进项目、案例、任务驱动、角色扮演、理论与实践一体化等教育教学活动，通过科研院所、企业、学校三方合作，成立技术应用中心，承担横、纵向课题研究，师生共同完成企业项目，增强专业教学的职业性，从而达到职业认同。同时，学院积极推进社会实践，成立专业社团，探索社会实践与志愿服务一体化、社会实践与思想政治理论课教学一体化、社会实践与“产学研”一体化的途径，积极开展“专业进社区”等社会实践活动，通过主动参与和切身实践，学生的知、情、意全身心投入，“工匠精神”深深地烙印在学生的言行举止之中，并内化为精神内核和文化基因。

最后，学院通过加强教学实习环境和校园文化环境建设，对学生渲染熏陶，制订学生行为规范，塑造学生的品行。学院大力宣扬各领域技能大师的成就与事迹，让学生感受到职业教育的前景光明、“大国工匠”的劳动之美、“工匠精神”的难能可贵。学院引入体现职业特性的工作规范与标准、职业能力与素养等优秀企业文化元素，打造职场化的实习实训环境，让学生在潜移默化中接受“工匠精神”的熏陶。此外，学院举办内容丰富、形式多样的技能竞赛活动，完善学生技能大赛竞赛体系，选拔优秀选手参加各级各类职业技能大赛，大力表彰优秀获奖选手，营造“劳动光荣、技能宝贵、创造伟大”的文化氛围。

3　实施过程

3.1　将价值转向作为弘扬“工匠精神”的主要思路

学院充分认识到高职院校培养“大国工匠”的紧迫性和培育学生“工匠精神”的重要意义，因此制订了《中心组学习制度》等文件，将办学理念、学风、教风、“工匠精神”等内容纳入中心组、院系、教职工政治学习的内容中，转变学院管理者、教师的教育观念；提出了“敬”“专”“精”等为主要内容的“学生成长八字箴言”，并通过多种形式的主题实践活动使其成为学生的行为自觉；开展了办学思想大讨论，通过调研、座谈、研讨等形式使学院的办学思想转化为学院师生的自觉行动。

3.2　将课堂教学作为传承“工匠精神”的主要渠道

专业课程是传承“工匠精神”的主要载体，学院与300余家企业进行了深度的校企合作，共同开发课程，共同开发人才培养方案。学院在课程上实行“学工交替”模式，探索“学徒制”的职业人才培养方式，实现了教学内容与工作任务、实训场所与生产车间、学生身份与员工身份、教学管理与企业管理的“四个统一”；以企业生产项目为教学载体，建立“卓越技师班”10个，实施“卓越技师”培养模式；以横、纵向科研课题为载体，专业教师带领学生共同参与，实施“专业导师制”培养模式；提升学生实践科研能力，培育学生“工匠精神”，加速他们从学生到准职业人的转变。

3.3　将实践体悟作为内化“工匠精神”的关键环节

学院按照“教室专业化，实验室实训化，实训室仿真化，实习基地企业化”的总体要求开发实训基地，师生共同开发实训项目，建设完成现场总线实训室等20余个实训室，开发了流量串级控制与自动调节系统等20余种实训项目。师生共同开发实训室项目激发了学生学习技能的兴趣，强化了对学生职业技能提升的内驱动力，增强了学生对职业技能的学习的成就感和满足感。学院在实训中引入“6S”管理，对学生严格按照“6S”进行生产现场管理，帮助他们养成良好的职业习惯，也使学生初步具备了现代工匠所需的基本技能和素养。

学院以“专业＋企业＋科研院所”为基本组织模式，以“专家＋工程师（技师）＋教师＋学生”为成员模式，以“技术服务＋产品研发＋教学实践”为运营模式，成立技术应用中心10个，通过承担企业的真实项目，提高了学生的学习兴趣，促进学以致用、用以促学、学用相长，使学生不出校门便能完成向“工匠型人才”的华丽转身。

此外，学院成立了17个专业社团，定期举行“专业进社区”等社会实践活动。学院还成立了玉雕大师工作室，大师以自身的职业操守、敬业精神等影响着学生。

3.4 将文化氛围作为渗透“工匠精神”的重要环境

学院完成了“一馆多展”的环境文化布局，建设了校史馆，建设了大国工匠展、工业4.0展、工匠精神展、中国工匠精神发展历程展、大国重器展等，并在公示栏完成了“为工匠精神代言”——职业技能大赛获奖学生展，在校园中营造了工匠文化的氛围。

学院每年定期开展“技能竞赛月”活动，激发学生学习技能的热情。学院通过专业社团、“卓越技师班”层层选拔学生参加国家级、省级技能大赛，充分发挥技能竞赛的作用，对培养学生“工匠精神”产生了良好效果。同时，学院积极开展“校友讲座”“专业进社区”等科技社团活动，使“工匠精神”融入学生的日常学习与生活中，以实现“工匠精神”培养的日常化。

4 条件保障

组织机制：学院组建了以院领导、教学人员、学生管理人员、科研人员为主体的文化建设团队，负责对校园文化建设内容进行整体构思和设计，相关部门负责人任子项目负责人，团队成员共同完成项目任务。

政策保障：学院将校园文化建设项目纳入示范校建设的总体规划中，并通过自筹资金，进行物质文化、制度文化、精神文化、行为文化等方面的校园文化建设。

5 实际成果、成效

5.1 转变了一种观念

学院把“工匠精神”引入教职工政治学习、学生的日常教育之中，在向学生传授技艺的同时，逐步把质量意识、敬业精神、职业道德等价值观念根植于学生心灵之中，促进德技同授，逐步转变了职教学生“低人一等”的观念，逐渐树立了“崇尚一技之长，不唯学历凭能力”的人才观念。

5.2　营造了一种氛围

学院通过工匠文化展览、开展科技活动、鼓励竞赛等方式，使工匠文化在学院中随处可见，随时可见，使学生沉浸在工匠文化的环境熏陶中，并在师生中形成了精益求精、严谨专注、永不放弃、不断创新的“工匠精神”，逐渐营造了一种“劳动光荣、技能宝贵、创造伟大”的浓厚氛围。

5.3　建成了一批社团

学院在丰富文体社团活动的同时，建设了一批与专业对接的科技社团，每个社团配一位专业指导教师，指导学生开展专业社团活动。这不仅增加了学生的组织、实践等能力的培养，也增强了学生对专业知识的实际应用。

5.4　建设了一个校史馆

学院历时一年，投资 50 万元，以实物、展板、电子显示等形式全面介绍了学院 50 多年的历届师生员工艰苦创业、开拓进取的发展历程。同时，学院制订了校史馆参观、管理制度。校史馆已经成为宣传我院光荣传统，青年教职工知校、荣校、兴校的教育基地。目前，参观人数已达 1000 多人。

5.5　成立了一个大师工作室

学院成立玉雕大师工作室，邀请玉雕大师于洪飞、李铁云等落户工作室，充分发挥了大师的示范引领作用，大师手把手、面对面授徒，心传身授，体知躬行，学生不仅学到了雕刻技艺，更感受到了大师的职业精神、道德操守、精益求精、不断创新的人格魅力。

5.6　改造了一批实训室

学院加强实训室内部和外部环境建设，引入了体现职业规范与标准的“6S”管理制度，打造了职场化的实习实训环境。同时，对于部分实训室外部环境进行了文化建设，展示合作企业、企业专家、优秀校友等内容，用这些先进人物的成长历程和爱岗敬业的职业精神激发学生的学习热情，促进学生职业精神和职业技能的培养，让技术技艺和“工匠精神”薪火相传。

（执笔人：梅　敬）

第八部分

资政建议篇

资政建议 1

关于促进行业企业参与举办职业教育的建议

[摘要] 行业企业的参与程度对提升职业教育质量至关重要，我们通过对问卷和访谈数据的统计分析，对行业企业参与举办职业教育的问题进行归因分析，进而从组织领导、经费投入、政策机制、行业指导、教育教学改革、院校治理结构、文化氛围 7 个层面提出促进我省行业企业参与举办职业教育的建议。

[关键词] 职业教育；行业企业；校企融合

省政府非常重视职业教育在区域经济发展中的战略地位，要求推动“产教融合、校企合作”，为新兴产业发展和产业结构优化升级培养高素质劳动者和技术技能型人才。为此，我们分析了全省行业企业参与举办职业教育的基本情况，并提出相应的对策建议供参考。

1　行业企业参与举办职业教育的基本情况

2013 年，辽宁省中等职业学校 457 所（其中普通中专 120 所、职业高中 190 所、技工学校 146 所、成人中专 1 所），比上年减少 6 所，在校生 43.5 万人（技工学校 8.5 万人），比上年减少 4.9 万人，减少 10.1%；高等职业院校 52 所（省属 27 所、市属 14 所、民办 11 所），比上年增加 3 所，招生 86423 人，比上年减少 15044 人，减少 14.8%。行业与政府共同举办的高职院校有 5 所，企业与政府共同举办的高职院校有 3 所，高职院校与行业企业共同创建的二级产业学院有 9 个。目前，全省职业院校与行业企业的关系比较密切，主要体现在多渠道与职业院校建立联系；共建校内外实训基地、二级产业学院、职业教育集团及职教联盟等；企业帮助学校建立实训中心、提供奖助学金、指导专业建设、提供校外实习岗位、签订订单培养、联合试点现代学徒制、接受教师下厂锻炼等。

2 行业企业参与举办职业教育存在的问题

行业企业参与举办职业教育提升了中、高等职业院校的市场适应性，凸显了办学和专业特色，同时中、高等职业院校能够更好地为行业企业服务，但是这其中也存在多种问题，主要表现在以下5个方面。

2.1 缺乏政策的引导、支持

统计数据发现，67.9%的行业企业认为政府缺少优惠政策，57.7%的职业院校认为政府缺乏相关政策引导。

2.2 经费投入不足且不均衡

问卷调查结果显示，57.8%的行业企业人员及63.5%的职业院校认为经费投入不足在一定程度上制约职业教育的发展。目前，职业院校的生均拨款不足，国家示范、骨干院校大量的经费投入与一般职业院校的经费投入相差较大，很难保障全省职业教育的均衡发展。

2.3 行业企业的投入成本与获取的收益不相匹配

64.3%的行业企业认为参与职业教育的经济损失得不到补偿，78.9%的行业企业认为职业院校的毕业生很难符合企业的用人需求，主要表现为学生流失率较高、短时间内不能快速融入工作环境、怕吃苦等方面。

2.4 职业院校培养出的学生很难符合行业企业的用人要求

57.8%行业企业人员认为职业院校自身条件较差，其培养的人才不能满足行业企业的用人标准。

2.5 行业企业参与职业教育的意识需要进一步加强

对行业企业人员的数据进行分析得出，13.7%的人认为不应该参与职业院校人才培养，这不是企业的责任；39.3%的人认为可以考虑。在对职业院校的调研中，38.6%的院校认为企业缺乏社会责任，16.7%的院校认为企业人才意识淡薄。

3 促进我省行业企业参与举办职业教育的建议

提升职业教育的吸引力，既要创造有利的外部环境，又要增强职业院校自身的内在动力，为全省经济发展和产业结构的调整与转型服务。

3.1　加强组织领导，落实政府职责

第一，明确部门责任，形成工作合力。落实政府统筹发展职业教育的责任，将职业教育纳入地方社会经济发展、产业发展等规划中，并纳入政绩考核指标。政府要对职业教育进行统筹协调和分类指导，教育、财政、人社、发展改革、行业等相关部门各司其职，共同制订职业教育工作部门联席会议制度，集中力量发展职业教育。

第二，强化政府的监督引导职能，适当外放权力。政府发挥监督、评估和引导职能，要重点围绕职业教育发展的体制机制、经费投入、办学条件、办学特色等方面。

3.2　完善经费投入机制，拓宽经费筹资渠道

第一，完善经费长效投入机制。建立生均经费、专项拨款和绩效拨款相结合的财政拨款机制。高职生均经费拨款标准要高于普通本科，中职生均经费拨款标准要不低于高职的80%。政府对职业教育的投入比例要高于同级财政性教育经费，要确保专项经费不被挪用或截留。要设立企业办学专项经费，允许财政性资金购买行业企业、民办职业院校举办职业教育的公共服务。

第二，鼓励行业企业和社会多渠道筹措资金用于职业教育。政府通过补贴、购买服务等方式，引导社会力量参与、举办职业教育；探索公办和社会力量举办的职业院校相互委托管理和购买服务的机制，继续合作建设混合所有制院校；发挥企业主体作用，鼓励企业独立或合作举办二级产业学院（或设置专业）；鼓励企业技术人员在职业院校建设股份制工作室，开展技术研发和人才培养。

3.3　完善政策机制，健全制度保障

第一，建立有助于校企合作的政策和地方法规。一是完善校企合作的相关法规，制订校企合作的政策细则，如制订地方性的《校企合作促进条例》，规定校企合作的方式及监督评价机制等。二是建立税收、奖励等激励性政策，规定企业参与职业教育给予一定税收优惠或减免；以政策的形式规定对开展校企合作效果好的行业企业给予资金奖励。

第二，制订保障校企深度合作的制度。具体有3种措施：一是行业企业与职业院校建立互认制度，这种互认制度包括学习互认、工作互认和技术研发成果互认。二是建立行业企业与职业院校合作的联席会议制度，政

府定期组织校企合作会议，推进政策落实及彼此间的沟通。三是政府组织相关部门负责人、行业企业和职业院校代表成立人才培养指导委员会，共同研讨职业教育发展规划，明确培养目标。

3.4　发挥行业的指导与协调作用

第一，健全省级行会组织。组建省级职业教育行业指导委员会和专业教学指导委员会；以部分行业组织为试点，组建行业企业与职业院校的“产学研”合作平台，推进产教融合。

第二，制订指导政策，发挥协调作用。发挥行业组织在人才培养、职业资格标准、就业准入、专业和课程设置、教材开发、校企合作等方面的作用；建立行业人才需求预测和就业状况定期发布制度，积极履行指导教学、质量监督与评价等职责。

3.5　深化教育教学改革，加强基础能力建设

第一，创新人才培养模式。职业院校结合区域产业特点，调整专业结构，联合行业企业制订人才培养方案和课程标准；校企合作中，制订以育人为目标的实训制度和实习责任安全制度。

第二，强化实训基地建设。建设一批集实践教学、技能鉴定、职业培训、技术研发与服务为一体的公共实训基地；以“教学产品”为纽带，整合现有资源，打造一批对接产业集群，集教学过程、生产过程和技术研发于一体的校内生产性实训基地；以校企共建、共管、共用为基础，建设具有“厂中校”特征的校外生产性实训基地。

第三，建设具有“双师”结构的教师队伍。完善职业院校教师的准入及评聘制度，增设实习指导教师技术职务系列；高职副高级及以下专业技术职务和中职中级及以下专业技术职务的评聘权下放到学校；采用“固定编制”和“流动编制”相结合的用人机制，支持学校自主聘用企业技术人员担任兼职教师；鼓励职业院校在企业建立教师工作站，企业在职业院校组建技能大师工作室。

3.6　完善职业院校治理结构，健全质量保障体系

第一，完善学校的治理结构。加快现代职业院校制度建设，推进高职院校章程的制订及落实工作；支持职业院校探索学校、企业等共同参与的理事会或董事会制度，建立企业技术骨干和学校骨干教师互聘制度。

第二，健全职业教育质量保障体系。建立健全校内动态评价机制，鼓

励行业企业开展教学质量评估和毕业生就业质量、满意度评价工作，支持第三方评价机构开展职业教育质量评估。

3.7　营造良好氛围，强化行业企业的参与意识

第一，树立企业主动参与的意识。政府要把企业发展规划纳入职业教育总体规划中，让企业意识到自身的重要性；注重校园文化建设，形成“服务企业”的办学理念，在校园中营造技术文化氛围。

第二，在全省树立重视职业教育的理念。加大宣传行业企业参与举办职业教育的典型案例，形成行业企业关心、支持职业教育的舆论环境。

（执笔人：王忠诚　赵景辉　李贺伟）

资政建议 2

关于高职院校聚合和传承工业文化的建议

[摘要] 校企合作不仅应该体现在办学层面和课程开发层面，更应该体现在校园文化建设的各个层面。我们通过对省内7所国家示范、骨干高职院校工业文化融合情况调查发现，高职院校在科学规划、理论构建、精神文化、校园文化活动形式、工业文化融入等方面存在一些问题。我们结合辽宁机电职业技术学院校园文化建设实际，提出了我省高职院校聚合和传承工业文化的建议。

[关键词] 校园文化；工业文化；企业文化；聚合和传承

职业教育是与辽宁经济联系最为密切的教育类型。“十三五”是实现辽宁产业结构调整升级和经济发展方式转变的关键时期。随着辽宁现代产业体系建设的不断推进和产品结构的优化升级，辽宁工业产业要走出产业链的低端，以中高端产品市场为目标，大力加强设计、制造和质量检验能力。这就要求要提升我省从事工业产业的劳动人才层次，尤其是要提升劳动人才的综合职业素质。目前，职业教育对学生综合素质，如敬业精神、团队精神、合作态度、坚强意志、创新创业等关键能力的培养未能得到应有的重视。事实上，对学生这些方面能力的重要程度不应该低于其专业能力。校企合作、工学结合等形式是高职校园文化与工业文化融合的必然选择。因此，高职校园文化与工业文化的融合对于实现高职教育的人才培养目标、促进辽宁产业结构转型发展具有极其重要的意义。

1 高职院校聚合和传承工业文化的必要性

内涵式发展要求高职院校与企业深层次合作，技能培养和文化素质养成并重，要把产业文化、企业文化带进校园和课堂，从而提升学生的职业素养。

1.1　社会经济建设对技术技能型人才的要求

企业在经济转型和产业结构调整中扮演着重要的角色。企业文化影响着社会经济发展水平和文明程度，而企业核心价值观即企业文化。因此，高职院校要顺应经济发展趋势，在校园文化建设中引入产业文化和企业文化，为区域经济发展服务。

1.2　文化建设逐渐成为企业核心竞争力的品牌

文化的显性和隐性功能在企业的稳步发展中的作用日益显现。高职院校与企业有着天然的联系，它为行业企业培养生产实际所需的大批高素质劳动者和技术技能型人才。企业发展强调员工专业技能的同时需要他们具备较好的职业素养。高职院校的学生大多会走进企业，成为企业的员工。企业希望新入职的员工能迅速融入生产环境。高职院校要与企业进行文化合作，把优秀的企业文化带进校园。

1.3　高职院校凸显办学特色的现实需求

良性互动机制对一个组织的持续、有效发展非常重要。高职院校的良性发展需要符合市场的需求，即要增加对学生（家长）和企业的吸引力，这种吸引力不仅仅体现在专业特色上，还体现在学校的软环境上。

2　高职院校聚合和传承工业文化存在的问题

调研发现，受多种因素的制约，省内高职院校聚合和传承工业文化还存在以下问题。

2.1　缺乏工业文化融入校园文化的清晰思路和科学建设规划

我们通过对省内 7 所国家示范、骨干高职院校“十三五”发展规划和学校校园文化建设规划的文本分析发现，只有 2 所高职院校明确提出工业文化在校园文化建设中的基本要求，7 所高职院校均提到企业文化在课堂中的建设要求，有的具体一些，但大部分只是宏观描述。

2.2　建设实际过程中缺乏宏观层面的理论构建

我们在实际访谈中发现，所调研的 7 所高职院校均有教师从事相关研究，并取得了一定的成果，但这些成果都是对所在学校、专业在工业文化、企业文化方面建设的实践探索，尚未从理论上进行构建，更没有从师资队伍建设的角度进行深入研究。理论构建的缺乏导致实践操作难以具体、深入。

2.3 重视物质文化建设，忽视精神文化建设

有关工业文化精神层面的研究限定在校本课程开发、教学方法改革、实训基地建设等方面。我们通过访谈、问卷调查发现，所有被访谈者均赞同校企应该开发融合工业文化、企业文化的通识课程和专业理论课程，但具体到实践层面仅有 4 所学校做到了，可开发的课程门数较少；62.5%的教师认为在自己的课堂中还没有针对工业文化、企业文化融合课堂教学的教学方法改革；所调研的学校在实训室建设中有 77%的实训室融入了工业文化、企业文化，但也仅限文化理念与制度方面，实际的实践教学中融入度不够。

2.4 校园文化活动形式过于单调，缺乏多元化

我们通过调研发现，所调研的高职院校针对工业文化、企业文化会举办一些较园文化活动，但行业或企业真正参与的较少，这些活动均是以学校为主，没有充分利于行业或企业的资源，实现多元发展。

3 高职院校聚合和传承工业文化的对策建议

3.1 学校层面做好理论研究与顶层设计

高职院校现在设有职业教育专门的研究机构，应组建研究团队对工业文化、企业文化融入校园文化建设、专业建设、课程建设、实训基地建设等方面开展专题研究，运用跨学科的视角进行理论构建，并结合学校专业特色形成富有学校特色的系列校园文化品牌。在理论研究基础上，以此进行顶层设计，把工业文化、企业文化的理念、内容融入学校事业发展规划、专业建设规划和校园文化建设规划中，作为学校常规工作和教育教学工作中不可或缺的一环。

3.2 注重“双师型”教师的培养，提升教师的企业文化素质

“双师型”教师主要指教师不仅要具备扎实的专业理论知识，而且要具备较强的动手操作能力。同时，教师的一言一行对学生具有榜样示范作用，并且对学生的影响是一种潜移默化的过程。因此，职业院校要培养高素质技术技能型人才，并使毕业生具有较高的企业文化素质，就必须注重

“双师型”教师队伍建设，不断提升教师的“双师型”素质。企业文化素质是“双师型”素质中不可或缺的一部分，职业院校教师的企业文化素质培养的具体途径如下。

3.2.1　组织教师到企业调研或实训

职业院校组织教师到与其所教专业相关的企业进行调研或实训。在调研或实训过程中，有利于教师学习企业的先进技术、管理理念和价值观等；有利于教师解决教学中的疑惑；有利于提高教师的企业文化素质，更有利于教师把企业精神、企业价值观等企业文化运用到教学中。同时，职业院校还应鼓励教师到企业中进行兼职，这样可以使教师更加深入地了解企业先进的管理理念、企业精神、企业价值观等优秀的企业文化，不仅可以促进职业院校教师“双师型”素质的提高和企业文化素质的提升，更为优秀企业文化进课堂提供很好的途径。

3.2.2　聘请企业或行业的专业技术人员，充实“双师型”教师队伍

职业院校聘请企业或行业相关的专业技术人员做兼职教师，这样有利于职业院校专职教师与兼职教师的沟通、交流，为整个教师队伍的企业文化素养的提高提供间接条件，更有利于兼职教师把企业先进技术及企业优秀文化即企业价值观通过教育教学带给学生，使职业院校毕业生的企业文化素质得到提高。

企业是专业教师提升企业文化和实践能力水平的培训基地。每学年要求专业教师到合作企业进行挂职锻炼 2 个月，鼓励教师在企业做兼职店长、厂长、营销总监等，了解企业生产流程、管理信息，了解珠宝专业最新发展动态，积累教学所需要的职业技能、专业技术和实践经验，在教学中及时反映企业的实际情况，避免纸上谈兵，突出生产性岗位知识与能力培养，提高学生职业能力和文化意识。

3.3　职业院校与企业共同开发具有优秀企业文化理念的校本课程

课程开发主要包括确定课程目标、选择课程内容、课程内容的组织、课程的实施与评价。职业院校与企业共同开发校本课程，不仅使课程目标、课程内容与企业的实际生产紧密联系在一起，更有利于优秀的企业文化融入课程，进而进入课堂。我们通过对德国的“双元制”课程、加拿大的能力本位课程的研究发现，这些典型的课程与我国传统的职业教育课程的主要区别在于德国、加拿大在进行职业教育课程开发过程中，企业或行业的专业技术人员会参与其中，这些专业技术人员会把企业或行业先进的技术和企业的优秀文化融入课程。

职业院校与企业共同开发教材，不仅可以获得专业技术支持，弥补职业院校教师专业技术的不足，而且可以运用体现企业先进技术及企业文化的典型案例，使教材内容贴近生产实际的同时，更富有优秀的企业文化特质。教材按一定形式可以分为显性教材与隐性教材。显性教材主要包括书本教材和多媒体教材。在开发显性教材过程中，职业院校与企业积极合作，企业或行业优秀的专业技术人员要参与教材的开发当中，把优秀的企业文化融入教材，进而进入课堂；隐形教材主要指以特定的情境或环境等为教学材料，如专业技术人员的报告或讲座、企业的生产车间的工作情境等，学生处在这样的情境中，亲身体会企业文化特有的魅力，这样更有利于学生企业文化素质的提高。

3.4　结合学生所学专业和企业文化特点，创新教学方法

优秀企业文化进课堂，提高学生的企业文化素质，还需要教师结合学生所学专业和企业文化特点，创新教学方法。先进企业文化中的以人为本、团结协作、诚信等核心要素越来越受企业界和职业教育界重视。许多国家的职业院校注重学生的企业文化教育，并创新教学方法，其中澳大利亚的 TAFE 职业教育模式成功的关键因素之一在于其以学生为本位的教学方法。“以学生为中心教学方法的有效实施是贯彻以能力为本位培训（Competency-based Training）的必要保证，其设计一定要遵循平等参与（Access and Equality）的原则，让学生平等参与能力培养和鉴定评价过程，从而建立一种公平、公正、公开的平等参与意识。”这就要求我国职业院校教师在教学中，要结合学生所学专业及企业文化特点组织教学：工科类专业教师运用情境教学法，并在教学中交替使用主题教学法和分组教学法，不仅可以增强学生的专业技能，而且可以培养企业所需的团结互助精神；文科类专业教师综合运用角色扮演教学法，教师依据教学内容设计特定的工作情境，让学生在工作情境中进行角色扮演，提高学习兴趣的同时使他们受到企业文化的熏陶。

3.5　结合职业院校专业特点，开展专业文化建设

以各系为依托，开展多种形式的企业文化教育活动，把企业文化和高职教育相融合的过程按学院开设专业的具体情况进行引进，要有针对性，所引进的企业文化要与本专业具有契合度、亲和性和贯通性，同时应该具有合理性、适用性和典型性。所谓“走出去”，就是学院教师和学生走出校园，进入企业：一是学院教师“走”出校园，进入企业，在企业成立

“教师工作室”。教师走进工作室，纳入企业管理，为企业进行技术服务和培训，这样进一步提升了专业教师的职业能力和自身素质，以及对企业文化和职业道德的理解，为企业文化和高职教育相融合的教学提供了平台。二是学生“走出去”，要让学生“走”进企业，对所学的企业文化知识有进一步的理解和掌握，对企业文化作用、意义的认识有进一步的提高。所谓“请进来”，就是请企业的专家和技术人员到学校。聘任企业文化专家来校开展企业文化的各种专业和学术方面的讲座或报告；聘任企业工程师结合企业文化内容开展教学。

3.6　营造校内实训基地的企业文化氛围

学院实训基地的建筑和布局应以现代先进技术和深厚的文化底蕴相结合为原则，紧跟时代步伐，并增添企业元素与色彩。实训室在建筑、布局和标语牌方面应呈现明显的企业文化色彩。学院宣传橱窗要定期展示与企业文化相关的知识或优秀企业文化的案例；学院资料室要增加企业和企业文化的相关书籍。环境的感染与熏陶可以让学生了解企业的文化，自觉将企业要求内化为自身的素质。

3.7　企业文化与校园文化相结合，塑造良好的校园企业文化氛围

高职学生不仅需要在课堂上提高专业知识技能和思想文化素质，而且需要在校园文化所形成的环境中接受熏陶、感染。将企业文化与校园文化结合，潜移默化地开展企业文化教育，是开展高职院校学校特色教育工作的有效途径之一。学校可以围绕企业文化这一内容核心，开展各类主题文化活动，营造积极向上的校园文化氛围，架起企业与校园之间的桥梁纽带，促进优秀企业文化与校园文化的交融互动。因此，我们搭建了校园网络信息交流平台，实现校园网和行业网、企业网页（站）双向友情链接；还可以通过企业专家讲座、优秀企业员工座谈、社会调查、主题征文、演讲等多种形式开展丰富多彩的文体活动，帮助高职院校的学生正确定位，树立自信心，培养正确的人才观和职业观，让学生在企业文化的氛围中成长。

（执笔人：赵景辉　伊明明）

后记

《利益共同体视域下高职院校深化产教融合的实践探索》是辽宁省教育科学“十三五”规划课题2018年度重点课题“利益共同体视域下高职院校深化产教融合的动力研究（课题编号：JG18EA007）”的研究成果，由衷地感谢辽宁省教育科学规划办及各位专家的支持与帮助。本书也是辽宁机电职业技术学院建设辽宁省职业教育改革示范校项目的成果汇集，是学校三年建设期内在深化产教融合、构建利益共同体的过程中开展的系列探索与实践。编者团队对实践成果进行理论填补、凝练、总结，使每项案例的成果更加丰富与完整。

本书由王忠诚、赵景辉负责总体框架和栏目设计。沈会超、李贺伟负责统稿、修改与完善工作。各案例和资政建议执笔人分别如下。案例1：王忠诚、沈会超；案例2：王德发、李冬冬；案例3：潘维琴、赵东明；案例4：缴瑞山、宋艳丽；案例5：沈会超；案例6：林锦实；案例7：宁秋平；案例8：周宇明；案例9：李贺伟、杨德明；案例10：何晶、刘文娟；案例11：王洪庆；案例12：林锦实；案例13：刘爽；案例14：李福军；案例15：宋艳丽；案例16：周新；案例17：林锦实、宋艳丽；案例18：丛佩丽；案例19：栾雅春、赵东明；案例20：沈会超、王忠诚；案例21：贾涛；案例22：吴志丹、韩丽娜；案例23：吴志丹；案例24：沈会超、王少岩；案例25：马英庆；案例26：何晶；案例27：高烨、董海军；案例28：周宇明；案例29：闫坤；案例30：赵景辉；案例31：王岩（女）；案例32：梅敬；资政建议1：王忠诚、赵景辉、李贺伟；资政建议2：赵景辉、伊明明。本书在校稿过程中，盖乾坤、王晓飞、赵晏鹤等老师也付出了辛苦，在这里一并表示衷心的感谢。

职业教育利益共同体的构建是一项系统、复杂的工程，需要政府、行业、企业、职业院校共同破解产教融合、校企合作中的关键问题。本书编写团队会继续关注这一领域的问题，并组织专门人员进行深入、系统的研究，力争完善相关理论，更好地指导实践。

编　者

2020年4月